U0092156

中國近代
最具影響力
之三大人物
——孫中山、蔣介石、毛澤東

戴維勳　編著

蔣介石與高玉樹先生合影

中間是高玉樹資政夫婦，右為作者本人，左為作者夫人。

自序

　　本人在提筆撰寫國父孫中山先生、蔣介石總統及毛主席澤東先生，中國近代三大偉人之景行大道及其事蹟之同時，真是千頭萬緒一齊湧現心頭。然想要使這三大偉人，重新回到現代歷史之舞台，首要工夫是應先廓清世間所流行之懸疑訛傳。而避免再蹈前人之窠臼，進而才能逸出一班學者專家，對此三公似是而又非之論。然要有膽，敢匡論與之辯，其困難度不言而喻，斯此始矣！譬如有針對這三位偉人，因曾在他們偉大革命之歷史中，有過挹注及些所謂之親暱人士，有現身說法。每都有各種不同之解讀及批判或頌揚，則形成莫衷一是，人言人殊，致使真人其事靈性不見。

　　像毛主席之隨護醫生李志綏先生是個北京人，曾朝夕隨侍毛公在側二十八載，乃就他個人之人品，及處政作風，而披露了些就他個人之私生活資料，說了些令人極不堪入耳之荒誕繆說。以後各報為增加銷售量，均大篇幅渲染；由於李志綏之現身，毛澤東則顯原形。因此？而後亦就成了讀者們飯後茶餘天揶揄之對象。再此之以訛傳訛，致使史實真象，荒腔走板。似此，我們還能否定李志綏和毛公之間親暱關係，會有誰比他們更加親暱？難道我們就譏評李先生平日對人之觀察竟以言廢人不夠入微，敢提出些詰語和反調。然

在我生平是從未見過毛澤東先生的人，他也不知我是誰，無論如何，只得硬著頭皮相信李志綏的話為真。但我仍堅信李志綏和他之同儕們無能真正或不想去瞭解毛澤東其事其人之底蘊心藏——毛主席是個緊抱著共產主義永遠不放的人。

本書在傳述上述偉大三公時，是按照他們之年齡及史實和豐功偉業先後分別撰之。特注重三公各自在其個別領域裡為國家願捐軀犧牲奮鬥到底，而不計代價之大無畏精神。

假若我對正義和忤逆面臨擇而不鼓起勇氣為是文之作，任由些橫說詖辭一再訛傳，尤其些政客及野心份子，清一色都是為自己利益作考量，恣逞其不奪不厭之私慾。而吾雖不揣，出身基層，在臨危而不盡人職，應當仁不讓，豈可居鄉愿，不揮毫亮滌蕩懸疑，橫掃假仁、偽道，方不虛度人生，愧對社群，故戮力傾赴宏揚中國近代三大偉人對國家之奉獻。這無論是對現在和遙遠未來之中國，在在都會發生極深遠之啟迪作用。並對全人類懷有促進大同理想之偉大神聖使命。

本書付梓之動機及其宗旨，絕無能在求聞達。只是基於人之本能，意在伸張正義，發正聲之宣洩，不計一已之毀譽。

像本書所撰論之中國三大偉人，都各俱有應受褒或貶之事功。但基本上幾受到世人一致之讚許與頌揚者，則首推國父孫中山先生。適之反也，受辱罵者則是毛主席澤東先生。在居中而又略上者則是蔣總統介石先生。

所謂正義，正聲在原則上，主要導向為毛主席大護法而辯解。說來誠非易事。尤其筆者學疏才淺，欲撥亂反正，恐難上又難矣！

　　在撰寫本書之時，特先聲明，書中所用每一章節或專用名詞甚或所採之字彙，絕非出自虛構或臆測。是全憑歷年來中外電子媒體，報章雜誌及學者專家之論述和諸子百家之說，還依目視所紀錄攸關三公之影片專輯，以及其他關聯到此三偉人之重量級人物。再經俗稱辯正法（Dialectic）慎思，明辨，縝密撰寫而成，絕非以其斗筲之身，純憑空想出於其類，拔乎其萃。

　　中國近代之三大偉人，雖都在革命志在救亡圖存。而中山先生則素志援引；呂氏春秋「天下非一人之天下也，天下人之天下也。」易經「湯武革命，順乎天，而應乎人。」孟子亦言「民為貴，社稷次之，君為輕。」「賊仁者，謂之賊，賊義者，謂之殘，殘賊之人謂之一夫，聞誅一夫紂矣，未聞弒君也。」依此，幾乎所有中西政治思想家都認中國只是民本思想，不算是民主。難道人際間相互關係，而至眾人之事，非得大眾之參與，投票選舉凡事量化，才是民主。按上述典訓；湯放桀，武王伐紂，就是針對性，而孟子之言就是主權在民，極具哲理性，又將善與惡界定分明，中無灰色地帶，是非常之科學。呂氏春秋篇：天下非一人之天下也，天下人之天下也。極具涵蓋又普世化，人處海濶天空間，無羈無束，自活恬遊也，不是凡事量化，反緊縮窄化了我們的生活圈。國父之革命基礎，是秉持唐。堯、虞舜、文武、周公，乃至於孔子，是千古不滅之政治哲理，非泰西國家所可比擬。

　　蔣中正先生戮力北伐，實行三民主義，紹繼國父思想，堅貞不二。唯在國父聯俄容共政策上，蔣公身為黃埔軍校校長，是革命之主體與國父情同手足，一生功業彪炳，竟獻身反共討毛窮追不捨而

造成世局大震盪，殊為惋惜。詎不加慎獨思考國父曾說革命之基礎是建築在高深的學問而竟有南轅北轍之誤。

　　毛主席澤東（潤之）先生自束髮以來即憫恤工、農、勞動階級。用之於馬列主義招牌，實國父之革命思想。而用法家思想之術，任法而不任智，明法固守，禁限徇私，任公而行大道，不計小節，呈現個人式中國共產主義特色，供世界革命性之楷模。所謂法家思想是進步的事異則備變。至於道家老莊認人類社會愈來愈壞，不進則退，主回到自然狀態返樸歸真。而儒家思想雖倡仁、德、中庸，未言社會衰敗，但嘗嘆世道人心不如三代，故毛公堅持法家思想對人性之偏私用嚴刑峻法，以應之，奇哉！但籲世人不可輕忽孟子之言，政治一治一亂，循環不已，至於永恆。

　　本書中舛繆之處，在所難免，尚祈社會賢達，博雅君子不吝指正，賜教。

戴維勳　啟

二〇〇八　台北

■ 目次 ■

蔣公篇

毛公篇

國父篇

第一章

成長背景

第一節　家境與初世

　　據傳記：國父姓孫‧名文，號逸仙。三十二歲之後又號中山。英文署名慣用孫逸仙。而生於公元一八六六年十一月十二日（清同治五年十月初六）誕生在廣東省香山縣（現中山縣）翠亨村。該處在香山之東，負山面海山明水秀，草木翠綠，風景優美，交通發達，民智是開。唯地貧瘠粒，土質惡劣，不宜耕稼。因此鄉人多離家背景，漂洋越海，四處冒險闖天下。其國父之祖父輩，如不客死異域，則即淪為當地之華工，若西人之奴隸。國父之令尊達成公算有幸曾在葡屬澳門做操裁縫，修皮鞋等零工，其他尚不如者，不知凡幾。

　　國父童年時代受的是儒家傳統教育，讀的則是「千字文」、「百家姓」、「三字經」、「四書」、「五經」，因此，其中微言大義、民族思想深植於內。平日大多時間傾聽些洪楊故事，談論的是國家世事，罕言其利。個性耿直常與些凡夫子俗士，論是或非，起端爭執。

　　國父十四歲時，國學基礎已相當深厚。絕不因貧死守在鄉。
而趁楊太夫人欲至檀香山探大哥德彰公之機會，懇求隨行，想衝
破困境，有突破性發展。而住在大哥處時，頗受善待，並引導四
處參觀：「如見輪舟之奇，滄海之闊，自是有慕西學之心，窮天地
之想。」由此，國父為達心願，欲留大哥處工作可久居待學。而
楊太夫人因滿意獨回故里。唯國父因求進心強，很快的就嫻熟
當地人民之生活習慣其語言，但也並不以此為足，為求更高深
之學問，則進了英國教會學校愛奧尼亞書院（Ionia college），時
國父還拖著個滿清的長辮子，有滿身的迂腐之氣，時引起外籍學
生為揶揄之對象，且常被欺凌。可是國父並不甘示弱，並以牙還
牙，作出對應之措施。後進美國教會將轉大學時，同遭上述境
遇，或更甚之。國父欲知脫困此情，願信耶穌，唯大哥極端之
守舊，除吾中國傳統文化外，其他皆為旁門邪道，而被迫離島
返回故里。

第二節　破舊滅俗

　　翠亨村父老故舊之惡習迷惘已是根深蒂固，久已積非為是，國
父與村人之互動衝突愈加尖銳。有次為顯示他的看法見解正確，特
於廟堂中褻瀆神祇，當即驗証出毫無神靈幽魂顯現。但村人對此仍
信厄運終必臨頭。因此，村人對國父之壓力日漸加大終被迫離家。

也因此為了破舊滅俗，必須革命，乃毅然正式加入基督教，在美牧師監誓下受洗。

第三節　和盧夫人成婚

國父有新思想，可是婚姻竟是舊式的，在還未二十歲成年之前，奉父母之命，媒妁之言和盧夫人完成婚姻大事，夫人名慕貞。於六年後生長子孫科（公元一八九一年十月二十日）。與盧夫人在翠亨村合房並不很久，就再往香港讀書，嗣後即奉大哥之邀回檀香山清理與其共有份財產。國父為了革命就欣然讓出自己應得的，並經其律師登記作證。是時也就在此地檀香山創立了興中會（公元一八九四年：（光緒二十年）正式揭示革命。

第四節　決傾清廷

國父自幼即夙懷偉大之革命思想，一八八四年八月二十七日中國為越南（安南）問題，對法宣戰。接戰伊始中國之大木船不及一小時，即被法國海軍鐵殼船擊沉，但無能佔據中國領土。像在陸上，中國馮子材將軍於一八八五年二月在諒山以勇猛精神挫敗法軍致

其無力再戰，而經此一役，法內閣因此改組，並願議和，不有索賠。然清廷腐敗，愚昧無知，現醜於外交，竟透由李鴻章放棄越南。

時滿清政府恐醜聞外洩，故特封鎖消息不讓人知。而國父因為當時在香港，並閱英文報紙乃得知戰敗及其受屈辱消息，和戰役勝負始末，主因是大木船不敵鐵殼洋船，一經接戰即被灰滅，毫無反制能力。得此驗證，國父認中國人之智慧絕不比洋人差，為什麼他們能造鐵船，而我們不能，則全是由於滿清腐敗所導致。乃毅然決心推翻滿清必「驅除韃虜，恢復中華，創立合眾國政府」。事在檀香山一八九四年（光緒二十年）創立興中會時，即揭櫫此點，這在前第三節已述及之。

第二章

濟世行醫，志在救國革命

第一節　香港比廣州易行革命

　　在廣州博濟醫院附設之華南醫校，半年後即轉入香港成為西醫書院，該院是廣東人何啟博士為紀念英籍亡妻雅莉斯女士（Alice）所創，校譽蜚聲，是大學醫學院性質，畢業即可行醫，國父在校五年半，因香港是英國屬地，較廣州有太多之自由，易行革命，更有機緣鼓吹之。時該校校務長是康德黎博士（Dr.James Cantlie）因平日熱心教學，尤器重國父。乃以優異成績於一八九二年七月畢業獲醫學博士學位。那時他的姓名是孫逸仙。此後在倫敦蒙難幸獲康德黎老師之援救。國父雖然精湛醫術，但他私下志在革命，因此，念念不忘國事。故對中國之地圖尤有關係，因之，平時常置巨幅中國地圖於牆壁，若遇政情任何變動，可隨時查閱，應之於革命。並常指圖而嘆曰：「如此江山，付之非人安能忍與終古哉！」。在院時嘗讀達爾文進化論，因此，曾手書曰：「於西學雅痞達爾文之道。」而對法國越南之戰事，是鐵血之痛，自探討其肇因經遇，永誌難忘。

第二節　為革命不計成敗

　　香港和澳門兩處皆為異邦屬地，因滿清政府政治腐敗積弱不振，對異邦法權，皆置於主權法外，不敢踰越雷池一步。可是對國人則百般刁難，禁錮，尤對漢人特加凌遲，嚴守滿漢之交。就此，港澳兩地無形中成了革命之溫床或聖地。

　　國父在香港西醫書院五年有半曾交摯友陳少白、尤列、楊鶴齡。連同本尊志同道合而革命者被東南半壁江山呼為「四大寇」。其肇因是港澳兩地在中國政治上算是真空地帶。鼓吹革命可大鳴大放，毫無顧忌。一遇親朋好友是肝膽相照則大談革命，聞言吐語，傾推其論。並隨之熱談洪秀全革命造反故事，革命不成反被清人視之成「寇」。但愈於傾慕洪秀全之為人。香港所以國父譽之為革命聖地，原因也就之於上述。談到香港，其建築宏偉，街道整齊，社會井然有序。若與廣東故里相比，是天壤之別。故在一八九五年二月十八日設立興中總會於此，便就近於開展革命。而檀香山原中興會則成支會。綜之「四大寇」之聲譽則遠播益隆。

　　在一八九四年八月一日，日侵華戰爭爆發之時，國父知道推翻滿清之時機業已成熟到來。但在興中會及各地方分會付諸行動之前，為避免犧牲，想先見他在香港西醫書院時之榮譽董事洋務大臣李鴻章先生，託他的關係和影響或轉達革命黨之意圖及毅力，未免不是一種較好的選擇。因之先與友人擬妥一份萬言諫議書，大意簡錄始后：

　　夫當國裕民，未必須船堅砲利，而應人盡其才，地盡其利，物盡其用，貨暢其流。而國之大事，不患不能行、而患無行之人。尤

其一國之大患，不知也能行者太少而不知不行之人更多。加之又固
步自封，不求上進，滯愚昧無知，何能維新？勢逼革命必行之，懇
李鴻章先生汝忖度之，或手轉清政府而致之。

第三節　錯失與李鴻章相晤

時正值中日為朝鮮問題，中日之戰爆發。李鴻章為清政府洋務
大臣忙碌穿梭於外交、籌謀軍事，雖託友人羅豐祿及徐秋畦轉報，
仍無暇接見，而還遭朝廷群臣，因外交失利之嚴的責難。就是見上
也愛莫能助，只得改變心意方向，就在京津地帶窺探清廷動靜及虛
實，裨益採取革命行動，勿再存有任何企望，除了革命，還是革命。

第四節　廣州革命

自一八九五年（民前十八年），興中會成立，而革命同志採取
實際行動拋頭顱灑熱血前仆後繼不下十次，屢敗屢戰，愈挫愈奮。
今喪權辱國之馬關條約已訂，國人蒙羞已極，捨革命無可為也，乃
決襲取廣州為根據地預作全面之大進擊。而以前之革命屬零星，散
漫的，甚或算是一時血氣匹夫之勇也。

　　本次大進擊之創舉，因國父先設立一個「農學會」做為掩護，再責由楊衢雲在港負責後援接應，而國父以在港幹部會議被選為會長身分籌劃軍事等事宜。準備號令學員三千餘人圖一舉拿下廣州，不料事機不密，被清廷駐港密探偵知，起義計計劃功敗垂成。其先烈有陸皓東，丘四‧朱貴全，程奎光等多人同時遇害，尚有很多同志被捕，成了無名英雄。時滿清雖極腐敗，但對外仍系一泱泱大國，因此，海外各處駐外使領館均附有嚴密的偵探組織。竟不料在此緊要關頭楊衢雲同志還在爭取自任會長之職位，國父感到十分痛心。

第五節　前仆後繼

　　雖在襲取廣州起義大道上，遭受到慘痛失敗。仍不灰心懷其革命，則偕陳少白、鄭士良等轉移陣地，圖捲土重來，而乘日貨輪逃亡日本。不幸在海上又遭十餘日大風浪顛簸始抵日港神戶（Kobe），瞥見日報有：「孫逸仙在廣州起義革命」的消息。一八九五年十一月十七日在船上頓了一天，即轉往橫濱（yokohama）。甫抵港岸，舉目無人相識。忽憶起由檀香山回國經此港時，有一華僑稱名譚發熱心登輪看他，出語願挹注革命。並為國父及陳少白、鄭士良租了房子，容有革命推行地。因此，在橫濱港成立了興中會分會，為日後之革命地。其當即贊助參與其事者有馮鏡如及馮紫珊等人。

第三章
革命失敗後的艱辛和巧遇

第一節　重回革命發祥地──檀香山

一八九六年一月到了檀香山晤得了大哥彰德，即告訴革命歷經艱辛始末，而大哥已非從前，認革命有理，造反有據。今前嫌盡棄，兄弟心心相印既翕如初。可是住在家鄉翠亨村的寶眷如母楊太夫人，妻盧夫人，子科，女金琰等，因廣州起義後，滿清視彼等大逆不道，安全堪虞，隨由同鄉陸文燦護送來檀香山合家團聚，生活由大哥支助供養。國父既見昆仲摯情畢露，乃啟齒要錢急償革命借債，同時尚需盤費弄走革命。大哥則慷慨解囊濟助時需。

第二節　檀島誌戀

國父孫逸仙博士之革命是循乎「湯武革命順乎天而應乎人」溯古撫今，其道始一貫之。廣州起義雖遭慘敗，絕不灰心，勇往直前，只許成功，方不違仁。

　　憶廣州起義少白依法五年內不能返，擬偕同赴檀島又不能得到護照，遂留少白在日繼續革命活動，而要鄭士良回港招攬革命餘眾待機策應未來。唯獨住檀島。而在市街公園躇步徬徨正盱衡未來革命情勢，拿捏發展革命最有效辦法之際，不知是天助自助之人，還是自助者會得到天助，碰巧遇到他在香港西醫書院英籍恩師康德黎博士（Dr.JamesCantlie）夫婦。康博士一時甚為詫異，因自孫先生廣州起義後音信毫無，今見其人已是歐化跟從前留著辮子實是兩人。師生寒喧良許，國父則談到倫敦尊址並探詢未來之革命辦法。

第三節　幫會之助力

　　一八九六年六月十八日自檀島抵金山，原以為唐人街經營商業人數較在美國他地較多。然想不到僑胞雖在此多年，仍民智未開，認革命就是造反，是大逆不道。這也許由於國人群居一處，即始同故國原始文化之移置所導致，已使革命大道不暢，乃不得不轉入幫會冀有所展衍。因幫會亦來自中國故土均係明朝「反清復明」之遺老及其後裔仍緬懷光復神州，復興民族之繼志。

第四章

英倫蒙難記

第一節　倫敦蒙難

　　一八九六年九月三十日由紐約乘船到英國前，在美國沿途各處之革命活動已被清廷盯上。時清廷駐美公使楊儒是地道的滿洲人，對革命運動格外關切，乃急電駐英公使龔照瑗攸關孫逸仙來英所乘之船名及其登陸港口。龔照瑗據報後即派本館英籍參贊馬凱尼（SirHalliday Macartney）設法密查蹤跡緝捕。並請英外交部協助，但因英與清無交犯約遭予婉拒。龔照瑗等使館人員因英外交部拒絕協捕，遂決採用另類手段誘捕狠招押回滿清作為大禮，生是送一條命，死是一具屍體，務求功績干祿而交差也。

　　是年十月十一日星期天早上自所住之格蘭旅館欲跟從康德黎夫婦去教堂作禮拜時，途中忽遇一香山同鄉且行且語，交談甚洽，後又有一粵籍華人加入並行，堅請他到其寓所煮茶進點，盡情坦敘鄉誼，真是久旱出雲霓。正間，突又一華人加入，原香山同鄉不見了。二華人貌極面善親切，既挽又推，實則強迫，誘進了他們供職之寓所。

剛進門，彼等砰然關閉，赫然見屋宇寬敞，公服人員眾多，心知已被挾持在清廷駐英使館了。未幾即迫上三樓進入以鐵柵護圍之房間囚禁。被禁之頭一天，英籍參贊馬凱尼已知醜事不能隱瞞，即率直相告被拘禁之動機。請孫先生寫信旅館將他之行李寄來此處，目的在他的行李中探得他之造反計劃及其策動聯絡人員名單俾便將革命份子一綱打盡。國父為讓康德黎心會他已被捕，故不寫信寄此而代之以寄孟生博士。馬凱尼亦心知他之反計，故扣留不發。數小時後，馬凱尼不耐，輒令人入室動粗強行搜身，將隨身等物件全部拿走受檢。幸另有一衣袋漏未搜去，中藏有重要文件及鈔票數紙。此等物品真對脫困及日後之革命發揮了關鍵作用。是日也，有英僕二人入室除灑掃外，並置煤於室供燃火之用。孫公見彼等均係僕人較純樸，遂請託二人帶信交康德黎，伊等都滿口答應，卻未照辦。翌日原英僕二人照例來室清掃並送水食物給他，其一曰：已為代寄，另一名叫柯爾（Cole）：「則曰予等不能出公使館。」二人回答前後不一，公知已受愚。

第二節　旋乾轉坤

被囚的第四天即十月十四日，有粵籍同鄉自稱唐先生來看他，此公即最初誘他進使館之人，意興高昂矯稱使館已為他向格來（Glen）輪船公司訂妥船票，即將運他回國。說話間，國父察覺他

心達而險，以此緝捕有功企清廷重賞，賜以高位，為達目的，不擇手做，殘忍無道。國父當即訓斥；「君為粵人，吾黨之在粵者眾多，他日出必為我報復，豈君之一人，甚或累及君之家族，其時將後悔莫及矣！」唐某聽此喝斥，頓即色變，並聲辯：「凡我所為，皆公使之命；我來此不過為彼此私情爾，俾君知前途之危險耳。」唐某行僻而堅，言偽而辯，是夜十二時又來相會，表示願設法援救，且勸致書公求其寬宥。問君為法？則援意：「君必表白，身係良民，絕非亂黨，祇固華官隔害，至被嫌疑，則親到使館，企求昭雪。」書成交本人。

　　傾間，唐走後，國父因隻身事小，革命事大，因事情迫切不意中了唐奸之計，悔之已具下切結，尤在與唐奸交談中，根本未把信息寄送任何人，事情就在使館。國父心知大錯已造成，絕望之餘，只有坐以待斃。

　　炎黃子孫，決無絕人之路，被囚第六天即十月十六日英僕柯爾又來室，孫公得機向他求助，說明；他是國之政治大犯，又是基督徒，現將被送回國斬首，並鳴之；吾之生命全在汝君一念間，若一伸手，吾將全命！否則，吾任其殺耳！願求你及上帝保佑，柯爾即為所動。次晨柯爾私下即暗致康德黎短函。午間柯爾又提煤簍來室，用眼神示意，簍內有物。待柯離去，即急搜煤簍，果得一紙條其文曰：「勉之！毋自餒！吾政府正為汝努力，不日即可獲釋。」聞之大為驚喜，光明驟見，重提自由。

第三節　恩師求援

　　康德黎夫婦不知孫逸仙的下落，心中懸掛已有一星期之久。是徹夜難眠，輾轉反側，想當前需做的是格蘭旅館將他之行李取來。免被搜捕時，他行李中之文件名單等物會累及他之親友，決先將之焚毀免遭遺禍。由此可知康德黎夫婦對他愛護之親切。

　　夜未央而又漸深，正是十月十七日晚十一時，約三十分，康寓門鈴突響，心知有異，驚自床起身查看，未見有人，但從門縫裡續進來的是一封信，私告孫逸仙已被公使館囚禁。康獲此事感到異常重大，立刻往見當地本林，馬雷利警長（Bone Lane,maryle）伊半信半疑但又非所職能，愛莫能助，再速轉往蘇格蘭警署（Scotland yard）亦毫無成就，不得不另設他法。

第四節　謀事在人

　　康德黎經深思後即直往中國使館英籍參贊馬凱尼處追詢，然守門人謂：馬參贊已往鄉間渡假了。

　　康德黎無奈，即急轉往香港西醫時之共事孟生博士處磋商急救孫逸仙辦法。時正見一人在孟博士門外是在等人，詢問之下，就是日昨致函康德黎本人之英僕柯爾，遂即請室內研討案情。柯爾報

稱：「中國使館先將孫逸仙說成瘋漢，兩天後，再僱船押解回國。」康、孟兩博士聞後即各送名片之紙轉交孫公放心，另則衷謝柯爾代為艱辛服務。

柯爾離後，孟、康兩博士又再去蘇格蘭警署請維護人道，其得到回應仍如前述無能為力。只得轉英國外交部，而適逢星期天，值日人員報請上官答應設法。但人在危險中，時間急迫，為恐生命慘遭意外，則先聘僱偵探伺在使館門外代為偵監。而康德黎想起泰晤士報，則急往請發布有攸關孫逸仙被清使館囚禁消息。康氏這時心中焦灼，又回使館親自守侯在外，果見有押解人犯動靜。

急救消息發出後，緊接有地球報（Globe），中央新聞及每日郵報等各有訪問員找康德黎訪問，康氏據情相告；他們使館已將押解孫逸仙方法確定，如訂妥船及運具等，確有其事。訪問員獲悉實情後，即逕進中國使館訪問孫逸仙，其接待人正是狡猾的原誘捕人唐賊曰：「事情是純憑空散發消息，捏造欺人之談。」再往訪參贊馬凱尼知其事已紙包不住火，說確有華人在禁。因外交部大臣已照會中國使館敦其放人。而使館應諾，惟託詞堅持孫先生是自來使館，並非由使館人員誘捕。孫氏獲釋尚疑被移往他處及見康德黎和同來之人，心胸豁然舒暢，知已恢復自由了。斯時，國父有感而發在他的倫敦蒙難中（Kidnapped in London）敘述康德黎義舉時說：「此一日，先則稟諸政府，訴諸警察，再則告諸報館，而終則密遣偵探，伺察於使館外。予友一日之心力竭，而吾命亦賴得以獲全，我書敘至此，不禁感極而泣矣！」

第五節　重獲自由後的學術研究

　　國父有云：「倫敦蒙難雖數日，是我與師友外界永隔，不是一日不見如三秋，或煉獄實是險脫鬼門關。報界認為這不僅是一個蒙難新聞，而是一件國際重大事件。故英人士及訪問仍邀問康德黎攸關問題。並每日尚追問我之生活情形及去踪。我都推誠相告；我每日都在大英博物館閱讀關於政治，外交、國防軍事、法律、海事的書以及礦產、農業、畜牧、工程、經濟等書籍。只要有利建革命之書冊，無不涉及矣。」

第五章
革命的基礎，在於學問

第一節　先解決民生問題

　　國父在最初革命時，早就察覺到民生問題。此在一八九四年上書李鴻章書中就提到改革農政問題。而倫敦蒙難脫險後，在大英博物館曾博覽群書，深知當前世界人類所面臨社會龐雜錯綜如麻之諸般問題，經歸納不外下面三個基本原則；即民族、民權、民生問題。現歐洲經濟情形始勞資糾紛，政治鬥爭，罷工風潮等迭起。要知歐洲最重要之經濟民生問題都還尚未解決。要富強中國單是發達民權是不夠的。還要用歐德社會主義的精神，所創造出的民生主義，連同民權及其他相關問題一次解決方可凌駕列強之上，乃得以臻於理想中的中國。

第二節　革命基礎幾遭全毀

　　三民主義建國之初步架構已然完成，即可依照建國方略邁向革命之坦途。詎料革命基礎之根源遭到殲滅性摧毀。因在一九○○年

之前，國父革命之地盤，在海外是華僑，在國內是會黨，或幫會。而保皇黨康梁之維新派屬士大夫階級，對於低層社會力量，尚不屑問聞。及至戊戌政變後，康梁逃居海外因固有勢力喪失殆盡，為保有既得權勢，尚在保皇為虎作倀，傾全力在海外爭取華僑，在國內爭會黨，使文之多年嘔心革命事業，遭毀於一旦。

　　幸在此時期革精神，正意興風發，革命事業雖遭致命之打擊，然並不灰心。

第三節　返橫濱重振革命

　　離開倫敦，決再重振革命。因在倫敦華僑工商界及社會人士極少，至留學生尚無一人。因此自倫敦出發，去加拿大又經過了印度，繞北半球一個半圓抵達橫濱。因在此早有興中會原始革命種子如陳少白等人早已有革命活動地盤，並能擴展引進贊同吾黨革命者像宮崎寅藏等日籍友人。而宮崎寅藏和宮崎彌藏等人不僅是日本的英雄而且是黃種人的豪傑。願恢復黃種人名譽和尊嚴。並且仍回顧難以忘懷的西方列強侵淫之痛苦。因此輒以能富強黃種人為傲。同時一八六八年日本明治維新後去西方列強侵害尚不遠，在朝及有識之士餘恨未泯。縱容，並默許中國革命份子活動是一種趨勢。

第六章

革命志業之詭譎

第一節　保皇黨日漸式微

公元一八九八年六月，光緒二十四年，德宗用康梁等主張維新，實行新政。事被舊黨及慈禧太后獲悉，遂將光緒幽禁，而誅殺新黨。康有為，梁啟超則逃命日本。康有為轉往加拿大，獨梁啟超留在日本。國父因革命需要常與梁互通信息，梁表讚同革命。梁之同學韓文舉、張智若及梁子剛等人較梁更為積極主張兩黨合併。並擬推國父為會長、梁啟超是副會長。梁啟超則考慮到恩師關係而詰問：「此將置康師於何地！」國父回以：弟子為會長，更顯師之貴也。」梁悅之。國父乃與陳少白商議兩黨合併辦法，並推陳少白與徐勤等起草聯合章程。但徐勤等人佯為讚成，心底反對乃向康有為告密；梁啟超政治思想已轉為逆向。時康有為已在新加坡，聞悉而大怒，立刻派人攜款赴日，促梁啟超赴檀香山皈依保皇志業。而兩黨合併之進行，頓時停擺。

所謂合併，算是裡藏，因康梁保皇思想已根深蒂固，表面上只佯稱停頓，私下都在利用孫中山先生在檀香山之人際關係從事積極

保皇志業。暗中離間革命核心份子，並盡破除革命力量。之前，在
維新派當陽時，尚居高自貴游走上層現既屬亡命之徒，是處污居下
流，在從事卑業了。

第二節　康梁之阻撓

戊戌政變後，國父日本摯友，亦具亞洲宏觀，願黃種人站起來對
抗西方侵略與傲慢無理，稱快的人諸如宮崎寅藏先生建議康有為和
平改革失敗後應與孫中山合作從事革命志業。因政變後康有為由香
港逃往日本，宮崎先生護送有功。政變時梁啟超匿居日本北京使館
由平山周護至東京。不料康有為拒見合作。因康氏滿腹經文，自始即
以聖人自屬，無人能與之比。曾創公羊三世；「據亂世」、「升平世」、
「太平世」並稱明春秋微言，大義迂氣充天。之前，陳少白在橫濱創
辦華僑學校，取名中西學校，國父讚之，乃敦聘上海之梁啟超代請教
員。梁因柔情寡斷，移樽就教於康師，康有為認其名不雅，乃書名
「大同學校」並順便介紹徐勤為該校校長。嗣後校內人事全由徐勤決
定並受康意：「不得接待孫逸仙」就此無形中成了康有為的學校了。

之後，一九○○年夏天，國父偕楊衢雲，宮崎寅藏，平山周自
日赴港，途中宮崎寅藏等仍認有恩於康有為擬再促兩黨合作事宜，
並謂康已在新加坡，即毛遂自荐定獨能促康揚棄保皇主義。國父總
以為不易，不過礙於宮崎先生所請，遂許之。殊知，香港康之黨徒

知宮崎曾有謁兩廣總督李鴻章，即電告康，宮崎奉李鴻章之命即來新加坡向你刺殺，請謀防不測。康有為據告後，因認李鴻章由直隸總督兼北洋外交大臣謫調兩廣總督不疑有他，即向新加坡英政府提出告訴，宮崎寅藏來向他行刺，故當宮崎抵新加坡時即被警方逮捕入獄。幸賴他之舊友林文慶和當地關係，他與宮崎才獲判釋放。國父被判五年不得入新，而官崎則裁判永遠。所謂倡和日本摯友志士自此拋諸腦後。康有為之怙恃眷舊保皇不悛，而以怨報德，致革命要命之一擊。

第三節　力勸李鴻章在粵獨立

何啟博士廣東南海人，曾留學英國取英籍夫人雅麗並創夫名醫院來作紀念。在香港嘗任香港法議局員，因熱愛祖國曾助國父廣州舉事。先在八國聯軍攻入北京前力游港督卜力（Blake），諫促李鴻章趁機在粵獨立和國父聯手救國。現卜力總督聞議願賣於情面，又為英國利益著想欣然同意。決即向李鴻章再三接洽，李氏樂表同意，實尚猶疑不決，心中像還有盤算。陳少白在港和何啟博士為此在幕後運籌，將情形稟告國父，此時國父人在日本，同時亦接李鴻章幕僚劉學詢書略以；李總督因北方拳亂，如欲在粵獨立、請速來協同進行。國父得訊後，不信李鴻章會突破舊思想，拋棄累得之富貴榮華，為民族大義、會獨立。但此一嘗試未嘗不是國

人之福。遂偕楊衢雲，摯友日人宮崎寅藏，平山周速乘船至港。抵港時，粵府已派安瀾軍艦等候邀國父和楊衢雲上船相會。可是國父早已得到香港同志報告李鴻章並不會想獨立，且縱容幕僚設置誘捕二人之陰謀。不得已遂派宮崎寅藏乘船代表至粵府總督府洽商一切。而國父不能躬親，因在廣州事件曾被港府判決五年不得入境。就只有在原所乘之煙打士（lndus）輪中召集陳少白、楊衢雲及平山周等人磋商加速惠州起義計劃。而宮崎先生則悵然乘原船返日了！

　　八國聯軍攻陷北京前夕，國父趁機謀勸李鴻章總督在粵獨立遭挫敗，幸及時識破彼之誘捕陰謀而脫身，後惠州起義旋又失敗，國父經台北抵東京。

第四節　暖春前的寒冬

　　歷艱前幾次及惠州起義之慘敗，革命心腹就相繼殞落，都慘死飲恨惜與國人長逝如；史堅如炸德壽而被捕狀烈殉難，楊衢雲在港活動遭清吏暗殺。而恰此時鄭士良又在港病故，真是天不假人。而日本友人宮崎寅藏從此不再身履革命陣地，只是論著宏揚革命，全屬消極作為。而輿情尚對革命志士譁然，甚迺貶是悖逆之徒。然辛丑和約訂立後輿情民氣，大為逆轉。因和約主旨：（一）懲治肇事禍首（二）庚子賠款四億五千萬銀兩（三）拆除自大沽口至北京之

砲台及防禦設施。如此則國之不國，人民自覺甚受凌辱，索求嚴苛，
令人難忍。而國祚岌岌不可終日，清廷聲譽掃地無餘，人民生活日
蹙。而革命之號召頓使舉國響應聲勢翻騰，凡有識之士，海內外同
胞及留學生聲聞革命，莫不景從。使革命勢力一日千里。

第七章

同盟會創立

第一節　成立前之反清書刊

　　同盟會於一九○五年七月二十日在東京赤坂區檜町三番黑龍
會內良平宅召開，成立前之革命團體有；一、湖北唐才常等之日知
會、上海蔡元培之光復會，嗣因學術不能兼顧由陶成章主持而移至
紹興、及黃興之華興會和分支同仇會。二、排滿書刊有；江蘇楊廷
棟之《譯書彙編》，粵人馮自由之《開智錄》王寵惠、張繼發行之
《國民報月刊》、黃興、黃天華之《湖南游譯編》、劉成禺之《漢魂》、
秦毓鎏等之《江蘇》、蔣百里等之《浙江潮》，及日後之「猛回頭」，
《二十世紀之支那》，《醒世鐘》等革命書刊，三、一八九六年由胡
璋以其依日籍妻子之名義在上海日領事註冊之《蘇報》及一九○三
年四川人氏鄒容之《革命軍》，文字雖只過萬，內容排滿言詞極其
辣刺激烈令愛國思想沸騰。而《蘇報》則因經費及政治情境改換為
愛國學社，肇因排滿思想致清廷難以招架乃毅然將章太炎，鄒容監
禁牢獄。其他人有的已脫逃或不在場幸免於難。

第二節　辛丑和約後之發展

　　八國聯軍攻陷北京，滿清與英、法、日、俄、德、奧、義、美諸國所訂立之辛丑和約，說白了根本不是和，是露骨的割地賠款跪地求饒懇求他們撤退。此不但不能求得國安族存，相反的引出列強之貪婪，像日對我國之東北即是。國父盱衡國內外情勢要救亡圖存，非糾合所有革命團體及不怕犧牲之革命志士倒滿，而想再造新中國難奏膚功矣！

　　尤其國父在同盟會而到會者三百餘人，被大家一致擁戴為總理，其革命之重責倍感於往昔。故在興中會時以「驅除韃虜，恢復中華，創立合眾政府」之誓詞，提議改為「驅除韃虜，創立民國，平均地權」，其兩次之誓詞，可看出政府之制度及民生之藍圖很明確的勾畫出來。足徵國父宵衣盱食為革命不輟。且為此廣納黃興等同志及各方之意見，以張繼任發行人將《民報》作為本同盟會之機關報來做為宣揚革命要旨之喉舌，其執筆者有；胡漢民、汪精衛、陳天華、朱執信、馬君武、宋教仁、章太炎等諸革命精英。國父因革命不只付諸行動，且在觀念上不奉滿清正朔，斷然改用西曆。且在民報發刊詞揭示三民主義要旨，洎自羅馬之亡，民族主義興。專制政體橫行高壓，人民難忍其苦。歐洲勞資糾纏，相繼不絕，衍生諸多政治問題，及有民生主義應運蓬勃之萌生。之前在民報籌備時，曾經向全世界明示革命之六大原則：一、顛覆當今之惡劣政府；二、建立共和政體；三、土地國有化；四、維護世界之真正和平；五、主張中日兩國國民之聯合；六、要求世界列強讚成中國之革新大業。

第八章

前仆後繼，愈挫愈奮

第一節　成立分會，推展革命思想

　　同盟會顧名思義，是以興中會為革命核心，凡志同道合不分團體或個人而勇於參加者一律都是同志。而在一八九七年陳少白稟承國父鈞意在台北創設興中會順演成同盟台北分會。其他則在各省設立分會。因同盟總會成立時在日本，而中國之留學生又多在日本，總會則籲請各同志返原籍地設立分會，總計本部十八省就有十八個分會領導革命運動。而上海分會蔡元培及廣東馮自由主持香港中國日報則在群雄之外專事鼓吹革命。

第二節　失敗不斷

　　同盟會既在全國各地設立分會，而負責領導推翻滿清要建立新中華的都是本黨菁英份子，無不戮力務企達成目的。此時，清廷倍

感其帝制岌岌不可終日。相對清廷為保有其世襲之既得權貴,乃全面展開對革命黨人之捕殺。如一九〇六年(民前六年)國父到南洋各地成立同盟分會。十月間,從西貢到日本,十二月間指令在江西萍鄉,湖南醴陵,瀏陽之會員起義抗清失敗。一九〇七年(民前五年)五月潮州黃崗之起義,六月間惠州七女湖之役,九月在欽州王光山起義,十二月鎮南關之役,以上是國父他親自指揮的第三、第四、第五、第六次之起義。巧的是,徐錫麟在同年起義被殺,女革命同志也遭抓殺。一九〇八年(民前四年)三月黃興在欽洲起義,四月黃明堂在雲南河口,此地是邊防要塞,因此他所領導的第七次、第八次起義,均因清政區斷不能互應而沒有接濟而遭挫敗。而民前二年正月三日,倪映典所率之新軍手執青天白日滿紅旗,衝進廣洲省城之役竟成烈士,這是第九次起義。以上均為清廷捕殺之一部。一九一一年四月二十七日(農曆三月二十九日)黃興等人在廣州起義,本次共犧牲同志七十二人,合葬在黃花崗,這是第十次革命,為世人皆知之黃花崗役。

第九章

光芒萬丈之武昌革命

第一節　武昌革命之背景

　　三月二十九日黃花崗壯烈悲慘之役，國父最關切的是革命領導幹部及元輔之安危。其得悉黃興，胡漢民及趙伯先等人無恙後，像心中之大石頭，突從口出，由暗淡變光明，事情成積極。其黃花崗之役也，革命聖地則由廣州轉到武昌。

　　武昌因是處經濟、政治、交通樞紐，重工業區，物阜民豐，清廷視同禁畿。而湖北之革命團體有，日知會，群治學社，振武學社及文學社和共進會等及一些革命菁英份子之會集處。同時日本及歐洲留學生鄂籍居多，洞悉滿清假儒家思想之「仁政」和「民本思想」，做為滿人壓制漢人之工具。入關後首倡「皇天無親，惟德是輔」，又秀出「東夷而夷」之說；「本朝原為滿洲，猶中國之有夷狄也則夷狄之，夷狄中國也，則中國之。」則指出華夷之別，僅是相對意義，沒不可逾越之鴻溝，滿漢如同一族。

　　茲就另面雍正之《大義覺迷錄》是他為呂留良及曾靜案，在朝政宵衣旰食之嘔心作，其目的在告誡漢人不可輕舉妄動，特別漢籍

清吏要忠心不貳。結果被有識之士看穿了，他在搞白色恐怖，尤其
宮中之腐敗霉爛，就對湖北學子而言，是白賊送上門。

第二節　嚴滿漢之別，照然如揭

　　在意識形態上，滿人在尊卑之關係，寧為洋人奴，而對漢人絕
不紆尊降貴，他永遠是漢人之主人。此經由知識份子之傳遞再滲透
到各階層，每個腳落，滿清就是亂源，罪惡之核心。

　　三月二十九日黃花崗之役慘敗後，同盟會採應變計劃在上海
設中部總會，再將革命推進長江中游武漢，總幹事宋教仁、陳其美、
譚人鳳等在彼等之努力下革命思想日益濃厚，並在武漢地區先成
立　　補習班。且發布湖北之活動由居正負責，湖南焦達峯，皆
直接受上海中部總會指揮。正在此時黃興亦身臨到鄂與排滿運動
成員分頭並進，多管齊下是火上加油。

　　鐵路國有風潮對這個腐朽之滿清再添一樁。因粵漢，川漢鐵路
為我國內地經濟運輸之命脈，其鐵路修築竟撒手於外國受制於人。
政治家張之洞，錫良則頗不為然而鼓吹，將粵漢，川漢鐵路交由國
人民間集資商辦。民前一年五月清郵傳大臣盛宣懷奏議，將鐵路收
歸國有，並向英、德、法、美國銀行團貸款六百萬英鎊作為基金，清
廷予以採納。至於收國有的辦法是，粵漢鐵路每股先發六成，其餘四
成發給國家無利股票。日後在本路有餘利項分十年攤還。川漢鐵路因

籌股較多，清廷不肯付現，規定股數全由國家保利股票，五年後分十五年還本。消息傳出後，立即激起川、鄂、湘、粵四省人民的抗爭，並紛紛組織「保路同志會」，推派代表進京請願，要求收回成命，清廷非但不肯接受，反而頒布「格殺勿論」之諭。此次爭路風潮，尤以四川最烈，紛紛罷市停課。川督趙爾豐恐怕引起大亂，初佯裝緩和，奏請川路暫歸商辦；清廷不肯同意，並派端方自湖北率兵入川鎮壓。川人推派代表前往督署要求阻止端方軍隊壓境，但趙爾豐阻擋不成，又惟恐取而代之，竟改採用強硬手段，非但不釋鐵路公司股東會長顏楷及諮議局長蒲殿俊等代表，反下令開槍打死請願民眾。川民始作大怒，各地革命份子和群眾而已久蜇之心，始噩夢初醒。

第三節　中華民國誕生

　　國父革命自一八八四年中法之戰至武昌起義，曾遭無數次之失敗，相對的清廷亦獲得了多次之幸存。其武昌之役也！這個滿清腐朽的廟堂，已隨即傾倒。然滿人尚恬不知恥，還仍怙戀帝制思想於不悛。且不知山外有山，而天外還有天，還在頤指氣使仍在自覺是漢人的永遠之主人。而其實滿人之護衛者，保皇黨，已明哲保身由保皇內化成了立憲黨，常與革命黨共同集會研討時政，彼此交換意見，思想漸趨一致。這在滿漢思想上若混為一體，中間僅有一條隱而不現之模糊細線而已。

　　換言之，反清而建立新中華之氣氛已瀰漫全國。尤其在華中地區，已成了武漢人責無旁代之主要使命。就在此刻有人義憤填膺，敢冒死罪從軍中剽掠武器彈藥公然抗清。軍中之革命份子如湖北彭楚藩，楊洪勝及湖南劉復基皆從容就義成烈士。案經破獲督署瑞澂及張彪已搜得革命黨籍名冊，而普散在軍中各部，並預有極大之舉動。

　　瑞澂及張彪都嚇呆了。且經審問上述三烈士他們對抗清都堅不吐實，皆視死如歸。瑞澂、張彪真不知如何是好！

　　但無論如何十月九日之役，張彪還是嚴令各營區逮人。而軍中黨人則彼此密告，武昌地已因此宣布戒嚴，到處五步一崗，十步一哨，滿城恐怖，人人自危。尤其工程第八營駐守楚望台軍械庫附近，特遭嚴密監控。工程營黨總代表熊秉坤見該營已被監視則急告同志，事到如今；我若不先發制人，終必被別人所制。今置之死地而後生。反亦死不反亦死。大丈夫不成功，則成仁！當今是也。結果聞者紛紛響應，這就是轟轟烈烈揭開歷史新頁的武昌之役。

　　十月十日武昌起義成功，據國父說；是個意外，而督署瑞澂舉目四面楚歌，則挖牆而逃，張彪更是三十六計，亦竄為上。因而武昌城內大小官員皆逃已空，漢口、漢陽繼之。而各官署，各城門及要塞悉更為革命軍據守而改朝換代。時黃興、宋教仁尚未至，蔡濟民同革命軍群龍無首，乃臨時公推第二十一混成協統領黎元洪為都督。黎氏為人長厚，不肯就任，群人則黃袍加身，促黎氏速以以中華民國鄂軍政府都督之名頒令安民。

　　十月十五日國父從紐約往聖路易城，途中閱報；孫逸仙所策動之正昌起義成功，首任總統當屬之。

第十章

民國肇造舉步維艱

第一節 各省紛響應獨立

　　武昌起義，國父尚在國外，而各界電促孫公儘速回國。斯時，各省代表在上海會議決定，須急設臨時政府並公推黃興為大元帥，黎元洪為副大元帥來應善局且以武昌軍政府暫為中央政府，因漢陽尚未綏靖。俟將來改設在南京。而滬軍都督陳其美及江蘇都督程德全和浙江都督湯壽潛均作如是之緊急呼籲。惟漢口代表選舉法定人數不足，桂林都督陸榮廷及王芝祥又電敦都軍應推舉孫中山為臨時大總統並兼陸海軍大元帥，多表讚同。當時有被選資格者僅三人，除國父外，是黃興及黎元洪。後經由全國十七省代表集會選舉結果，國父為中華民國首任臨時大總統，黎元洪副之。同時並決定採國父之建議用陽曆，以十一月十三日為中華民國元年一月（註：一九一一年當選為中華民國臨時大總統一九一二年就任）。當天，則由全體代表專程到上海迎接國父到南京宣誓就職，而根據臨時政府組織大綱之規定，採總統制。

第二節　袁世凱之野心

　　清廷自湘淮二軍更迭衰退，袁世凱就私下在軍中培植個人勢力，陰謀奪權。此次，國父在南京政府宣誓就任中華民國臨時大總統，消息傳到北京，朝廷極為恐慌，而袁世凱則是奪權良機。首先藉口有病，回里養病，其用意在望革命力量擴大，使膽小怕事而無能之攝政王載灃對政局無法收拾，在朝及外人認非袁出山不可。加之袁之友好清廷內閣總理奕劻，協理徐世昌向載灃建議遂下詔授袁為欽差大臣，節制各軍，而北方之軍人又不穩，甚或正在反正中。載灃不得已再下詔，任命袁世凱為內閣總理大臣。袁世凱既已取得軍事全權，因手下有馮國璋及段琪瑞大將為後盾。同時在政治上以改總理大臣為內閣，為向革命黨示好，解除黨禁，承認革命黨為一正式政黨，並釋放攝政王刺客汪精衛，黃復生。

　　袁世凱掌握大權後，為實現其野心，即於十一月二十七日攻佔漢陽，向湖北地區集壓，具有雙層意義；一、向南京政府展現其實力，二、對清廷示有護衛作。但其軍隊愈戰日愈鬆弛，而以有限之兵力長期與革命黨軍愈戰益眾愈勇之兵，終註定不敵。於是幕後慫勇英國駐北京公使朱爾典（John Jordan）從中斡旋議和。革命軍方面只要袁世凱合作反清即可，雙方遂接受英使建議，袁世凱則派個人談判代表唐紹儀，南京政府則公推伍廷芳為代表，雙方各提出條件，幾經樽俎折衝；一、雙方軍隊在原地不動，如違則嚴辦。二、雙方軍隊各退到百里之外，保持距離。三、國民會議在未決定國體以前，清政府不得再貸洋款。說穿了，不管政治把戲怎麼演，袁世凱志在

必得總統大位是其真意。國父為實現全國統一，若袁促進共和，當以職位相讓，並提優待皇族及藏蒙辦法，事經袁世凱用威脅利誘手段，逼清廷下詔退位。國父則於清廷下詔退位次日，當即辭去臨時大總統職，並向南京參議院推荐袁世凱為中華民國臨時大總統。

袁世凱雖繼任了中華民國臨時大總統，可是他心知肚明，這是南京政府同盟為他而設的，一旦陷入調虎離山計，連兔子都不如了。

其堅不肯離北而南下就職的主要原因：一、南京是繼廣州、上海、湖南、湖北革命之主要鎮地。二、法統之觀念，原清廷宣布退位的詔書係南方政府胡漢民及張謇所擬。但詔書頒下時，袁世凱預謀增添了「自立政府」字樣。案如此，簡言之，不僅不需南下就職，就連南京政府存在，都成問題了。三、因中華民國臨時約法，代表們在漢口制定時，因時間過於倉促而採美制疏漏極多，如缺人權保障，總統權力過大。國父有鑒及此，為防袁氏走向專制，建請改為內閣制，凡國家重要政策及法案必須經國務員副署以示牽制。此頗與袁世凱之理想相違，所極不願見到的。

南京政府參議院既已於二月十五日選出袁世凱為第二任臨時大總統，並派出蔡元培、宋教仁、汪精衛、王正廷等為迎接專使，請袁氏到南京就職。妙的是袁世凱就在此時，在北京、天津、河北保定等地區策動兵變，蔡元培等而有所顧慮，並為防外國使節干涉，乃由迎接專使，轉為擁袁派。梁啟超本為維新派，現他的共和黨亦逢迎袁世凱的想法。加之那位固執剛愎的章炳麟（太炎）且與國父革命思想有間，因而成為投袁世凱所好了。袁世凱並威脅如果

他的留在北京，不南下妨害國家統一，他寧肯不做總統。因此所有異議人士不再堅持南下，只要袁氏就職時以申報方式，向南京參議院宣誓即可。

第三節　宋教仁被刺引發二次革命

所謂第一次革命，自一八九五年十月間在廣州起役消息走漏至一九一一年三月二十九日，除黃興等其餘犧牲同志合葬在黃花崗，這是國父所領導第十次起役失敗，再至十月十日武昌起役成功，合計為第一次革命。二次革命於一九一三年即民國二年三月二十日因，宋教仁於國民黨在國會選舉勝利後到處演說指責袁世凱政府因循貪腐，並倡言國會制憲，政黨內閣，中央地方分權，逼得袁世凱及國務總理趙秉鈞難以忍受。於是袁援意趙秉鈞指由秘書洪述祖唆使應桂馨收買暴徒武士英於三月二十日刺殺宋教仁於上海北車站，驚動全國。此案發生後三日，全案破獲，證實袁世凱與趙秉鈞為唆使人。國父得訊即從日本趕回上海，召集國民黨重要幹部同志，起兵討袁。但袁世凱早有準備，暗中調兵遣將阻擋國民黨之行動。

民國肇造後，財政極度困難，袁世凱竟為了鞏固政權擴充軍備，不經國會同意，逕與英、美、法、德、俄、日等銀行團簽訂「善後大借款」合同，總額高達二千五百萬鎊。而將鹽稅作借款擔保，在審計院中又設外債室，並由洋人任外債長，審計開支，此一有損

國格之貸款，在程序上又未經國會同意，顯屬違法。國會眾院首先發難，國民黨籍之安徽都督柏文蔚、廣東都督胡漢民、江西都督李烈鈞、湖南都督譚延闓，緊接發表聯名通電指責袁氏之違法借款。而袁氏在惱羞之下，將贛、皖、粵督加以免職。國民黨人知此事戰事難免，於是由李烈鈞首先在江西湖口起兵，接著黃興在南京、陳其美在上海、柏文蔚在安徽、許崇智在福州、譚延闓在長沙，陳炯明在廣州，熊克武在重慶奮起相應，是謂之「第二次革命」，惟各省起兵步調不一，加之，袁世凱早已暗中已防備，使得第二次革命遭到煙消雲散之失敗。

第四節　　袁世凱縱橫折衝卒終皇帝夢

　　袁世凱拒絕南下就職，中華民國中央政府，即奠定北京，三月十三日即組閣提名唐紹儀為國務總理，為示好將同盟會員王寵惠、蔡元培、宋教仁、陳其美分任司法、教育、農林、工商總長。袁系有實權職位的人物趙秉鈞、段琪瑞、劉冠雄分任內務、陸軍、海軍總長，善逢迎柔順的陸徵祥任外交總長，立憲派的熊希齡任財攻總長。

　　由於人事佈局，職務之分配，同盟會受任人員益愈對袁暖化，其原親袁人士其支持度更強。這種政局，原本就建立於革命新勢力與封建舊派妥協的基礎上，這一妥協很快的露出裂痕。國民黨急於制憲為的是保障共和，而袁世凱干涉制憲為的是遂其野心。民國二

年十月四日憲法會議將憲法草案中大總統選舉法加以公布，袁氏對於總統任期，責任內閣制，以及總統解職後須受刑事上的訴究等極表不滿。惟暫不加干涉。到十月十日正式就職大總統後，面目為之一變。則向憲法會議力爭其總統個人權力，會議不予置復。袁氏在盛怒之下遂派遣施愚等八人列席向憲委陳述意見，委會碍於會議規章僅得旁聽遭拒。袁氏見計不得逞，遂決與國會不再並立。並於十月二十五日通電各都省民政長反對憲法草案，且限期條舉黨法上之意見。因此各省都督、民政長、鎮守之師長旅長等級武人爭相高論非議憲法草案；有的主張撤銷，有的甚或痛詆國民黨亂國，將制憲之形象破壞無遺。憲法委員見政治環境惡劣逼人，乃急於收束計畫，全部憲法草案遂於一日三讀通過完成。全文分十一章，一百十三條。此即民國二年公布的中華民國憲法草案，又因此次負責憲法起草之委員會，係假天壇為會所，所以日後被稱「天壇憲法」。可是在起草委員會中國民黨人仍佔多數，袁氏深知此一法，對其不利，因而藉口，勢必形成國會專制影響國家興亡，並與二次革命攸關，遂下令解散國民黨，取消國民黨議員之資格，致國會法定人數不足，而形成癱瘓。接著再龍濟光電請袁以政治會議代國會。黎元洪等亦聯電各單位讚之。袁世凱遂據之於民國三年一月十日下宣布停止國會議員職務令，國會至此已被解散。由約法會議行使國會職權。依約法會議議員之選舉，係採限制選舉、及記名投票，因而當選者，幾乎盡是袁氏之支持者，所以其約法之條文，頗合袁氏之心意。

依照新約法及新的大總統選舉法規定，袁世凱已成為終身職之大獨裁者，但袁氏並不以此為滿足，必稱帝而後快。其策略先由其

子袁克定宣傳造勢帝制思想，慫恿美籍政治顧問古德諾（Fonk J.Goodnow）博士在亞細亞日報上發表「共和與君主論」說中國不宜於共和。而袁之日籍顧問賀長雄亦投其所好撰〈日本立憲強國說〉，迷惑國人。一般官僚政客如「六君子」者之楊度、孫毓筠、嚴復、胡瑛、劉師培、李燮和等均君子不自重而竟挾身以自重，組織籌安會鼓吹君憲。高唱「共和政治不適合中國國情，非行君主立憲不能救中國」。袁世凱既有上述諸多符心之論，本擬提前召集國民會議。但梁士詒等輩為求奉迎爭先，深恐手續繁複生端，便組織「全國請願聯合會」，捏造民意，要求變更國體，加以各省督軍也紛紛通電擁此。於是參政院即議決一種國民代表大會組織法，咨由政府於十月八日公布施行。十月二十五日各省開始選舉，共選出「國民代表」一千九百九十三人，再由此全體國民代表舉行國體投票，結果一千九百九十三票全部贊成君主政體，並由各省代表上書擁戴，委託參政為總代表，擁袁氏為「中華帝國大皇帝」。袁起先故作謙而不受，參政院再呈推戴書後，袁欣然於十二月十二日承認帝制，並令朱啟鈐，周自齊組登基大典展開帝制工作，並將民國五年改為洪憲元年。自元年元月登基日起至一九一六年（民國五年）三月二十二日，因自始就是一樁虛設偽造鬧劇而被撤銷時止，共計八十三天之皇帝。旋即於是年六月六日在舉國聲討中死亡。得年五十八歲。按光緒死前遺有血書交攝政王載灃必殺袁世凱，但因戴灃膽小怕事，無能錯失良機，致對中國之未來有如此深遠之影響。

第十一章

北洋政府始自李鴻章，不是袁世凱

第一節　國父下野後遊走各省宣揚主義

　　國父下野後，雖有些落寞，為了革命繼續奮鬥，仍奔走各省宣揚三民主義，於講述中，還是放心不下袁世凱為其私慾得逞，而對各黨各派之分化離間利誘，尤其針對本黨之陰狠伎倆。現袁世凱是崩斃了，留下難解而又糾纏的政客紛爭不少，像他在職時擺不平的軍閥如曹錕、吳佩孚、張作霖及袁之兩大支柱馮國璋、段琪瑞等輩，個個都在居地稱雄，佔山為王，任誰都不服誰。一般所謂之北洋軍閥就是洪憲元年失敗到北伐前這段時間，袁世凱麾下一群之儸儮而已。究其冠上「北洋」二字，不是袁世凱，是始自李鴻章。因他是才子曾經剿匪太平軍有功，為中國之近代化奏請創辦江南製造局於上海，開始洋務。以及創建著名企業輪船招商局，並派員到德國學水陸軍械技藝。並派福建船政生出洋學習，和建立「北洋艦隊」。一代才子惜匍匐於一淫婦西太后腳下！現如稱袁世凱軍頭之下嘍囉為北洋軍閥，顯有點將「北洋」二字污名化了。

　　宋教仁被刺第二次革命失敗後，國民黨人心開始渙散，有的苟安，有的遠避海外，甚至附袁，加之同盟會伊始多人胸襟只知排滿，而對未來三民主義之精義和建國實業計劃是一竅不通。甚尚有章太炎這夥學究子為了要錢不到，見國父在募捐是詐財。而瘋狂的痛批「國民黨起，國民黨消」狠毒的攻訐。國父有鑒及此諸多紛歧且多弊之嚴峻挑戰，毅然決心重組中華革命黨，其入黨條件，嚴格規定，無論何人，或不管過去功績如何，凡不服從黨規，聽命指揮，皆不受歡迎。其入黨誓詞「再舉革命，務達民權民生兩主義，並創制五權憲法」，今後凡多一黨員，即多一份革命力量，寧缺勿濫、以杜內奸。此為吾等再立新黨，與前之絕不同也。中華革命黨乃於民國三年六月二十三日在日本東京成立，其支持最力者是陳英士，到會者三百餘人，公推國父就任總理，大業始焉。

第二節　袁氏帝制敗亡，軍閥混戰各霸一方

　　現袁氏既倒，滿清王朝早已推翻，但留下的紛爭及遺毒，竟擴散到中國廣袤大地每個角落。想要制馭驅散滌蕩，談何容易。考其原因所以致此，應始自清道光十八年至二十二年之鴉片戰爭，一八九五年中日簽訂之馬關條約及一九〇一年清廷與八國聯軍所簽訂之辛丑和約等各種不平等之條約；開五口、沿海、沿線及內河航運之通商以及領事裁判權等相繼入侵中國，使得中國主

權之完整性遭到嚴重破壞。且列強在中國劃分勢力範圍,成國中有
國。近因軍閥所攀附之主腦盡失。則各自為自保自主而佔山為王,
而彼此較勁混戰不已,使國父窮於應付。之前則集中革命力量指向
清廷及袁世凱,這主要堡壘。而過去在革命期間因無軍事力量,全
憑國父以革命思想利用甲打乙,或用乙打甲,全被軍閥識破,致困
難益增。

第三節　國父受邀於北京商討國政,
　　　　而南方後院卻仍有餘燼

　　北方軍閥蕭牆之爭,以曹錕、吳佩孚為翹楚。在民國十一年第
一次直奉戰後,張作霖敗退出關,宣布東三省獨立。時在吳佩孚統
轄之地區達十五個省區,是自民國以來直系極盛時期。致皖系之段
琪瑞,國民軍系之馮玉祥和奉系之張作霖都被逼作靠邊看。也就在
此時,曹吳顯見馮國璋,徐世昌都當上了大總統也極企慾登上總統
寶座。乃檢視過去之「憲政研討會」及「憲政商榷會」之缺失,由
國會議員提出質疑對總統產生方式及任期問題。透過擁曹錕的津保
派王承斌、高凌蔚促令吳景濂奔走聯絡兩院議員,以提高出席費方
式,誘使議員返回北京先舉行憲法之制定並以「天壇憲草」為張本。
其中第一條則明示「中華民國永久為統一民主國」,但將國家與地
方權限作明之列舉劃分,是兼採了單一及聯邦制極近均權之精神。

另外將國會彈劾權與不信任權分別使用也是一進步。其次省、縣議會兼採職業代表制，以及人身保護狀之採用也頗具稱道。惟在憲政體制方面形式上看似合理，可是在通過前先延長黎元洪總統之任期，通過後再縮短黎氏之任期，逼其下台。再以用極卑鄙齷齪手段賄賂投票國會議員，以每票五千元代價賂之，計五百五十五人計算，投票結果以四百八十票而曹錕高票當選為總統。後被張作霖、馮玉祥聯袂打敗，主因全國輿論譁然，均同聲直指「豬仔議員」是共犯結構。就趁此時曹錕之支持者吳服孚在別處用兵橫衝直掃之際，被倒戈名將馮玉祥而將曹錕囚焉。因此政治實權則落入段琪瑞之手。段氏在臨時執政前夕，首先宣布民元臨時約法與民國十二年之憲法同時失效，而新舊國會也均不再召開。此時中山先生受邀馮玉祥及段琪瑞來北京商談國事，甚感欣慰，因國民黨在政治上已多年失去主導權。可能此將革命思想及建國方略帶入北京。同時國父也洞悉軍閥們互相勾心鬥角各謀私利之一些狐群狗黨，表面上談愛國，口中又說仁義道德，實際私底下根本無謀國之誠。因此國父在啟程北上之前，令胡漢民留守廣州大元帥府執行大元帥職權，並預任蔣中正為陸軍軍官學校校長。而亦已運用智力將桂系之陸榮廷、岑春煊逐出廣東，用他所栽培之陳炯明來替代行事。而陳炯明非但不感恩，反勾結北洋軍吳服孚圖謀毀滅國父。現陳炯明雖已趕至粵東惠陽、惠州地帶仍隨時有死灰復燃之患。國父當時對段琪瑞有兩點主張：一、對內主張召開國民會議二、對外主張廢除不平等條約。這兩主張，沒有任何一主張為段琪瑞所能接受也。因後一主張段琪瑞已向外交使節團保証執政後尊重不平等條約換取承認與支持，而

後一主張如召開國民會議他們就變得不合法了。所以國父聞此，心
情十分憤慨，加之長途勞累，北方天氣嚴寒，肝病爆發，竟於民國
十四年三月十二日含恨與世長辭。

　　民國十三年底段琪瑞臨時執政府是為張作霖和馮玉祥所脅
制，尤以奉張唯命是從。但所組之內閣安排了幾位國民黨人和馮系
人馬加以遷就制衡。並派許世英至張家口去探試探馮氏之意見，實
私下甘為內應攻擊馮玉祥，事被識破段執政府警衛全被繳械。事已
至此老段沒有輒了，準備下台，經妥協由顏惠慶為國務總理攝政。
段執政府沒了，斯時吳佩孚想恢復曹錕的總統大位，但為張作霖反
對作罷，所以善後處理是顏惠慶的事了。以北京為中央政府既已不
復存在。其未來重大建國使命之薪傳只得留給國父之師弟蔣中正繼
續努力吧！

第十二章

國父評介

第一節　為何未及甲齡就謝世

　　國父孫中山先生於民國十四年三月十二日，因肝癌逝世於北京鐵獅子胡同，再移回協和醫院，注射防腐劑，暫厝於北京西山碧雲寺。而遺囑將柩靈安葬在南京紫金山永息。

　　十二月上午九時三十分，段祺瑞聞耗國父逝世，即以執政名義派代表前往鐵獅子胡同行轅弔唁。並令內務部為「前臨時大總統孫文，倡導共和，辛亥革命成功，不居位，禮讓袁氏，仍於國計民生，殫心謀國，氣度恢宏，薄海同欽」，以示本執政夙慕耆勳，極資匡濟，就職伊始，敦勸入都，共籌國是。奈天不假齡，遽奪元勳。為軫念艱虞，彌深愴悼，決用國苑，用資陰崇，哀慟！可是實際情形，有的書籍秉筆立書：國父在五十九歲之年就叫啟祺瑞氣死了！

　　其緣由，有以下數點：在清廷康熙、雍正期間巧治術，首倡儒學，其口牌「皇天無親，惟德是輔」，廣傳；尊君居五倫之冠，天下無君之人，焉得於人乎？並闡揚《大義覺迷錄》對洋人恩威兼施，堪得民心。及降至咸豐妃子慈禧太后淫人貪婪隨身，腐朽至極，尤

甚者，嚴滿漢之界，虐漢人實奴婢。政情轉折日甚。國父孫中山先生自中法之戰，深覺及此，殫精竭慮，前仆後繼不下十次，仍百折不撓，卒能推翻五千年來之專制政體，滿清政府，事之一也。

辛亥革命同盟會於一九一一年（清宣統三年），武昌起義推翻滿清，建立中華民國。本是人民脫困水火，國祚昌隆；無奈，袁世凱謀權、狡詐，兩手策略，知此斯時，清廷在崩潰前夕，無可用之兵，無可戰之卒，非起用袁世凱不可，首先提升他為兩廣總督，還不滿意，再提升為欽差大臣，至國務總理。袁世凱為實現他之帝制夢，一方面命馮國璋，段祺瑞向南軍猛攻，另方面向黎元洪、黃興示和。還有，在外交方面，向老友英使朱爾典（John Jordon）託請向日，俄等國說項從中幹旋支持，貸給財政好支應備戰。再者，上海立憲派張謇極不願見到革命黨完全勝利，則擁袁為政權中心，此多種因素，造成南北議和。

國父為實現統一，建立共和，只要袁世凱能回應，大總統職位則禮讓袁氏。其令人惑而不解的是，梁啟超在辛亥革命時，尚主虛君共和。及至被袁世凱籠絡，發表他任法部次長，一反往常，甘為袁世凱爪牙利用，進而糾合黎元洪之共和黨，章太炎之統一黨，梁啟起自身之民主黨，合組為進步黨，以擁袁為主要任務，其報紙專為袁世凱宣傳工具，且指摘國民黨之暴烈。至是國父深覺革命已不是漢人對滿人，多數對少數之爭。現二次革命是漢人同族間與操實權者，少數對多數之鬥，事之二也。

事三，袁世凱因帝制失敗，而於民國五年六月六日凌晨三時病逝。北京政府大總統職位由黎元洪繼任，而根據南北協議，首先在

民國五年八月一日,恢復舊有國會。而各黨各派也固而重振旗鼓,展開政團活動。此一時期中,國會之主要任務,在繼續議定憲法。政團各稱也多以「憲法研究會」、「憲法商榷會」、「憲法討論會」等命名。當時政團時起林立,但是仍以國民黨之「憲政商榷會」及梁啟超進步黨系的「憲法研究會」為兩大主流。「憲法研究會」方面,原則上擁護段祺瑞內閣,而「憲政商榷會」則傾向支持黎元洪大總統(袁世凱死後,啟祺瑞、馮國璋兩大支柱,均因袁在位時因疑心病,暗中削弱實力,使之互鬥牽制,形成段對南軍主戰,馮則早與南軍互通鼻息主和。而黎元洪只虛其表。)因此國會中政團派系林之暗潮洶湧,時而互相通電指責,時而到法庭控訴對方,使國會威信掃地,終造成國會再度被解散之命運。

事之四也,段祺瑞處軍閥混戰,又稱黎元洪傾段制馮,遂有民國九年直皖之戰。直系首腦人物馮國璋去世後,由曹錕繼之(因馮、曹均屬河北故直系稱之),而吳佩孚掌兵權為實力人物;奉張與直系有同盟關係,而合繫段祺瑞,雖有嫡系軍人徐樹錚驍勇善戰,仍免不掉敗陣的命運。

吳佩孚軍紀嚴明律己,用兵如神,控地盤廣達十五個省區,而張作霖擁兵三十萬,主將有張宗昌、吳俊陞、張學良,見吳佩孚霸地過大,遂發生直奉之戰,終被吳佩孚驅出關外獨立。

第二次直奉戰爭,肇因於民國十二年吳佩孚野心過大,以賄選方式將曹錕捧上總統位子,凡親曹官僚、政客,唯利是圖,將北京政府弄個烏煙瘴氣、一塌糊塗。使直系讓人所不齒。在聲討賄選的浪潮中,廣東的中山先生正皖系、奉張及黎元洪派下之人物,形成

聯合反曹吳大陣勢。趁吳佩孚正在山海關、熱河長城沿線與奉張酣戰之際，原屬吳的馮玉祥將軍，因吳佩孚平日之卑視及抑制，頗為不滿，暗中迎合南軍及奉張，不迎擊奉軍，反潛回京畿，決實行倒戈，將曹錕總統囚禁，聞之令人心酸髮指。馮玉祥倒戈成功後，自掛幟為國民軍。後直奉兩系，深覺馮玉祥善變，覺得不是什麼東西，遂於民國十五年直奉兩軍聯合將馮驅逐到西北，又稱西北軍，是親俄派。

　　皖系因在民國八年，罔顧多人反對，又受美國等促使對德參戰，大肆對外借貸，早已惹人生厭，惡聲瀰漫全國。但段祺瑞極欲武力統一中國，乘機東山再起，欲借重南方廣東國父中山先生革命力量，而增強其個人聲勢，特聯合馮玉祥邀請國父北上商討國是。國父欣然接受其請，因國民革命軍自辛亥革命成功推翻滿清後，北洋軍閥為爭地盤擴張勢力，帝國主義為既得利益與之相互勾結，視國民革命為敵。國父藉此機會，再將革命力量伸延到北方。但為何不逕奔天津赴會，而乘日本郵船春陽丸由港出海取道上海，繞道日本。因上海有許多革命志士，且媒體傳播迅速，而日本是「中國革命同盟會」於一九〇五年在東京赤坂區創立，由日本摯友宮崎寅贊助國父國民革命，介紹並鼓吹出發之地。可藉此引起海內外注意，增益其談判態勢。孰料，國父與段祺瑞臨時執政一碰面，召開國民會議事，左顧言他隻字不提，攸關廢除不平等條約，他竟毫不掩飾的尊重不平等條約，因他已換取各國外交的承認和支援。國父驟聽言逆，十分激怒，加之旅途勞累，北方天氣寒冷，肝疾發作，於民國十四年三月十二日溘然謝世。國父是被段祺瑞氣得死，毋庸質疑。

第二節　他的革命哲學基礎與前瞻

　　國父嘗謂：「革命的基礎，在高深的學問。」，有人問他，你的根據是什麼？則具答唐、堯、虞舜、文、武、周公、垂統孔子，則劃下完美句點。所謂高深的學問，中國文化是正統張本，兼取西方有利革命大業學說是輔成。

　　國父由是悟出宇宙一體，即心物合一義，嘗說：「總括宇宙現象，不外乎物質與精神二者。精神雖為物質之對，然相輔為用。稽考從前科學未發達時代，往往以精神與物質絕對分離，而不知二者本合為一體。在中國之學者，亦恆言有體有用。何謂體？即物質。何謂用？即精神。心物合一者為生元。國父說：「生物之元子，學者多知為細胞，而作者今特創名之曰生元。蓋取生物元始之意也。」生元者，何物也？元始太極義。而西方人曰：「太一」，這太一就成了一切存在物的宗主，源泉和最終原則。「太一」是超驗的，無限的，永恆的，永遠與自身同一。但它與一切後來的東西都不相同，因此，不能用任何事物的屬性來規定它，一般的語言文字，當然也不能表達它了。

　　經援引上述之哲學基礎，潛移默化，首創他之思想體系曰三民主義，而三民主義之基石，就是民生哲學。民生哲學，並不是高不可攀，或什麼玄妙之門，說明了就是「誠」與「實」。國父說：民生就是人民的生活，社會的生存，國民的生計，群眾的生命，社會進化的重心。也是政治的中心，經濟的中心，和整個歷史的中心。國父特別指出：古今一切人類之所以要努力；就是因為要求生存，

人類因為要有不斷的生存，所以社會才有不停的進化。而社會進化的定律，才是歷史的重心。社會進化的原動力。

國父也在孫文學說第四章略述：人類之進化……則與物種之進化原則不同，物種以競爭為原則，人類以互助為原則。社會國家者，互助之體也，道德仁義者、互助之用也。人類順此原則，則昌。不順此原則，則亡，此原則行之於人類，當已數十萬年矣。

世界大同是歷史進化的目標，何者為歷史進化的目標？亦值得吾人深思。國父認為「人類進化之目的為何？即孔子所謂《大道之行也，天下為公》耶穌所謂《爾旨得成，在地若天》此人類所希望，化現在之痛苦世界，而為極樂之天堂者是也。」國父並持一種樂觀態度說：「近代文明進步。以日加速，最後之百年，已勝於以前之千年，而最後之十年，又勝已往之百年，如此遞推，太平之世，將在不遠。」

國父思想之體系及理論，欲以理想化，乃以實踐方略，再區之為革命方略，建國方略。（一）所謂革命方略，國父是如何領導國民革命？係組黨入手，所謂黨是有主義，有組織，有訓練的團體，黨的作用，端「以黨治國」「以黨建國」。國父說：「黨有力量，可以建國，故士家應有此思想力量，以黨建國。貫徹以黨治國之主旨，方可以撥亂反正。所謂以黨治國，並不是要黨員都做官，然後中國才可以治，是要本黨的主義，全國人民都遵守本黨的主義，中國然後才可以治。最後的目的，國父說「三民主義，吾黨所宗，以建民國，以進大同。」（二）所謂建國方略，以五個步驟行之；1、心理建設；2、倫理建設；3、社會建設；4、政治建設；5、經濟建設。

1、心理建設

國父倡「知難行易」學說，旨在加強國人之心理建設，突破「知之非艱，行之惟艱」，而裹足不前之大政。乃出國人之思想迷津。庶幾吾之建國方略，或不致再被人視為理想空談。

（1）能知必能行

凡造作事物者，必先求知而後乃敢從事於行，所以然者，蓋欲免錯誤而防費時失事，以冀收事半功倍之效也。是故凡能從知識而構成意像，從意像而生出條理，本條理而籌備計劃，按計劃而用工夫，則無論其事物如何精妙，工程如何浩大，無不指日可以樂成者也。

（2）不知亦能行

能知固能行，不知亦能行。惟人類之事仍不能悉先知之而後行也。其不知而行之事，仍較於知而後行者為尤多也，且人類之進步，皆發軔於不知而行者也，此自然之理則。故人類之進化，以不知而行者為必要之門徑也。即行其所不知以達其欲能也。如科學者之試驗，即行其所不知以致所知也。

（3）行以致知

知之非艱，行之惟艱之說漸中於人心，而中國人幾盡忘其遠所得之知識。皆從冒險猛進而來。其始不知而行之，其繼則行之而後知之，其終則因已知而更進於行。又說：「古人之得其知也，初或費千百年之時間以行之，而後乃能知之。或費千百萬人之苦心孤

詣，經歷試驗而後知之。此行為致知之道。孔子在禮記中之大學篇略以「……致知在格物。物格而后知至……」知行是相輔相成。

（4）有志竟成

國父一己之獻身革命作見證，肯定有志者終必成，作為「知難行易」學說的結論。國父如是說：「夫事有順乎天理，應乎人情，適乎世界之潮流，命乎人群之需要，而為先知先覺者所決定行之，則無不成者也，此古今之革命維新，興邦復國等事業是也。余之提倡共和革命於中國也，幸已達破壞之成功，而建設事業雖未就緒，然希望日佳，余敢信終必能達完全之目的也。故追述革命原起，以勵來者，且以自勉焉。

2、倫理建設

國父很重視家族和宗族團體，曾說：「中國有堅固的家族和宗族團體。中國人對於家族和宗族的觀念是很深的，由這種好觀念推廣出來，便可由宗族，擴充到國族主義。這點外國不如中國。」中國國民和國家結構的關係，先有家族再推到宗族，然後才是國族，這種組織，一級一級的放大，有條不紊大小結構的關係，當中是很實在的。

（1）八德論

即指忠、孝、仁、愛、信、義、和、平而言，國父說：這些舊道德，如果是好的當然要保存，不好的才可以放棄。

（2）三達德論

國父在「軍人精神教育」內，對於「智」、「仁」、「勇」三達德，有其新的詮釋，最後奠以「決心」作結論，闡發「不成功便成仁」之大義，發人深省，精闢之至。

（3）服務道德觀

國父說：「人人當以服務為目的，不以奪取為目的。聰明才力愈大者，當盡其能力而服千萬人之務，造千萬人之福。聰明才力膽小者，當服十百人之務，造十百人之福。所謂巧者拙之奴，就是這個道理。至於全無聰明才力者，亦當盡一己之能力，以服一人之務，造一人之福。照這樣做去，雖天生人之聰明才力有不平等，而人服務道德之心發達，必可使之成為平等了。

（4）互助德德觀

國父說：「人類之進化……則與物種之進化不同，物種以競爭為原則，人類則以互助為原則。社會國家者，互助之體也，道德仁義者，互助之用也。人類順此原則唱，不順此原則則亡，此原則行之於人類，當已數十萬年矣。

（5）博愛道德觀

國父在「社會主義之派別及批評」中談到博愛精神，惟社會主義之博愛得之。國父說：「社會主義者，人道主義也。人道主義，主張博愛，平等、自由、社會主義之真髓，亦不外此三者，實為人

類之福音。我國古代若堯舜之博施濟眾，孔子博仁，而墨翟愛，然皆未施，其愛尚不能普及於人人。社會主義之博愛，廣義之博愛也。社會主義為人類謀幸福，普遍普及，地盡五洲，時歷萬世，蒸蒸芸芸，莫不被其澤惠，此社會主義之博愛，所以得博愛之精神也。

（6）大同世界觀

國父以大同主義為理想，懸為人類追進化之目的，國父於此說：「人類進化之目的為何？即孔子所謂『大道之行也，天下為公』耶穌所謂『爾旨得成，在地若天』此人類所希望，化現在之痛苦世界而為天堂是者是也。」國父又說：「我們三民主義的意思，就是民有、民治、民享，這個民有、民治、民享的意思，就是國家人民所共有，政治是人民所共管，利益是人民所共享。照這樣的說法，人民對於國家，一切的事情都是共有的，如同美總統林肯所言：of the people, by the people, for the people。這才是真正的民生主義，就是孔子所望之大同世界。」

3、社會建設

社會建設是具體而微的政治建設，也就是政治的基本建設。國父說：「社會者，即分工之最大場所也。」此最大之分工場所，欲求「固結人心：糾合群力，又非從集會不為功，其所著之「民權初步」一書，即在用為社會建設之規範。這部書的內容，是專講集會議事的種種法則「直接目的，當然是要教一般國民能夠熟習這些法則，以完成民權初步的訓練，而且間接的作用，尤在藉此養成一般

國民重秩序、守紀律、有組織的習性,從而團結人心,增強民力,發展民校,造成有組織的社會。」而民主政治的基礎,就是要建立在一個有組織的社會上,才能穩定、成長、和進步。

4、政治建設

是人盡其才,地盡其利,物盡用,貨其流:國父在少年時代上李鴻章書、洋洋萬字,痛陳救國計,認為一人能盡其才,地能盡其利,物能盡用,貨能暢其流,此四事者,富強之大經,治國之根本也。」

(1) 政治建設之首要在民生

此誠一語,道破了,指明我們政治建設的中心目標。

(2) 政治建設即是國家建設

國父有關政治建設的著作整合起來,就是一套完整的國家建設。「建國大綱」就是國父關於政治建設最簡要切實的寶典,而「地方自治開始實行法」為其補充的規定。至於「五校憲法」則為政治建設所要建設的理想制度,我人在國家建設的藍圖上,一方固要建立中央的法制體系,另方面更要完成地方自治的民治基礎。國父在這些方面的貢獻,真是不朽。

5、經濟建設

就是物資建設,也就是國父建國方略中「實業計劃」的實踐實業計劃是國父親撰的重要著作之一。實業計劃的目的有三:

（1）消弭三大戰爭

國父說「世界有三大問題，即國際戰爭、商業戰爭、與階級戰爭是也。在此國際發展實業計劃中，吾敢為此世界三大問題而貢一實行之解決。

（2）國防與民生合一

國父的實業計劃，最根本的意義是規定中國的經濟建設，要以廣大的大陸為基點，以繁榮的海港為出口。國際貿易要在海港，農礦事業要在大陸，平時通商，要以海港為門戶，戰時抗　，要據大陸為後方，民生與國防的合一，在此一根本的意義，最為明顯，說明了，實業計劃這部書，其實就是一個偉大的國防計劃。

（3）實業計劃之精義簡之有五

A.大陸與海洋在國國防上密切配合。B.交通與農礦為根本的事業。C.全國人口之均衡分佈。D.全國工業之均衡發展。E.全國各區之普遍敏榮。

6、其實業計劃內容

（1）四大原則

A.必須選最有利之途，以吸外資。B.必應國父所最需要者。C.必期於抵抗。D.必擇地位之適宜。

（2）十大目標

　　A.交通。B.商港。C.都市。D.水利。E.工業。F.礦業。G.農業。H.灌溉。I.森林。J.移民。

　　上述之五大建設，在實踐建國，實業計劃確為建國工作之要點。籲國人恢弘主義，建設國家，願同志共勉之！上述各篇，是基於　國父之「三民主義」、「孫文學說」、「民權初步」等著作編撰之。

第三節　　小結

　　一、國民三民主義之精華，亦即三民主義的哲學基礎。其間具有運貫性與統一性而它的基礎，就是建立「民生哲學」的基礎上。國父認定「民生為歷史中心」，民生為社會進化的重心，社會進化又為歷史的重心，歸結到歷史的重心，「是民生，不是物質。」可是馬克斯的「唯物史觀」認為宇宙一切本體與根源是皆物質。因此，物質決定思想，並非人類思想決定物質環境。馬克斯下葬於倫敦前時曾發表過演說：「馬克斯發現人類歷史的進化論，是與達爾文發明有機自然的進化論一樣。」，人類在各種生產力的交互作用與改變中，隨著生出反映他們生活的各種制度與觀念。生產方式改變，則歷史便隨之改變。人們在每一時代的經濟條件下，他們的法律、政治、宗教，以及他們的社會地位，階為生產制度所決定。

又馬克斯的「唯物史觀」襲取黑格爾的辨正法（正「thesis」則反「amtithlsis」則正反的綜合為「synthesis」 筆者認為中國的易經「陰陽會萬物生」是辨正法的老祖宗），萬事、萬物階聽其自然「揚棄」而循環之。絕不是馬克斯改頭換面的黑格爾的辨正法，極力主每個向前進的階段，而階級鬥爭是社會演化過程中不可缺的原動力。為了達成其革命的目的，加強其煽動的效果，強調其必然性。

國父孫中山先生認為民生是社會、歷史進化的中心。人類為要求生存、永續發展，所以要更努力，才是社會進化的原動力。藉此，孫中山先生所言，相互驗證，人類之進化與物種之進化迥然有異。達爾文之進化論：「物競天擇，優勝劣敗……。」國父未便苟同，認人類心互助為原則，而國家社會者互助之體也，道德仁義者，互助之用也。人類順此則昌，逆此則亡。馬主心鬥爭手段，強加對立之統一，即抑有所進，所付出不輩。

二、禮記中之大學篇：「……身修而後家齊，家齊而後國治，國治而後天下平。」國父認欲達此目的，應團結人心，糾合群力，「以黨治國」、「以黨建國」，不再同往昔一盤散沙。因黨有主義，有信仰、生力量、合手世界潮流、政黨間之良性競爭，所以中華民國之國歌開宗明義「三民主義，吾黨所宗，以建民國，以進大同。」可是一小撮離異背逆份子意扭曲侮蔑以黨治國為「一黨治國」是獨裁專制。而「三民主義，吾黨所宗……」本屬「中性」任何政黨本之皆適得宜。何以大逆不道，詎無緣，奈何非之以震慄。

（一）在國外無論已開發或開發中之國家，其政黨間，不管怎樣熾烈惡鬥，總是在一個國家架構下向前競行。

（二）而我們國家中之從政者，是背訴憲法，南轅北轍，坐享國之俸祿，而骨子裡不認同中華民國。反扣國民黨帽子，是外來政黨，誣指暗合中共「一中」而出賣台灣。而國民黨之從政精英，聽之這些反諷濫言指控，竟「噤若寒蟬」。

（三）所謂中華民國政府（認為外來政權）仍在它自己領土管轄內行政，而政府駐蹕台北，而北京、上海依據憲法應歸台北政府管轄。國民黨從政大員臨危，不顯其勇，過偽不能辯，所謂有斐君子，何以觀之。

（四）政黨挫弄民粹無限上綱，已成多數暴政又撕裂族群比起暴君專政更為可怕而甚之。像前總統李登輝是哈日風狂夫，而日血濃，華胄淡，只提「兩國論」，若以學術眼光看，尚可討論研究，難謂涉及刑章。而現任總統陳水扁原是三級貧戶，喝著國民黨之奶水長大，登上總統寶座，就明目張膽的，直倡「一邊一國」，已觸犯憲法第五十二條內亂罪，為國法所不容，奈何國民黨之從政精英及總統參選人對此視而無睹，充耳不聞，反被指為賣台集團。莫非有什麼把柄或小辮子抓在他手，竟然屈從他一隻律師棍子任意擺佈。

（五）現慶吾同胞，因久被政客假民粹本土所操弄，漸悟他們事實上在貪職枉法，舞文弄墨，而各逞其私。使之民粹謊言漸失，而選民良知也跟著求請歸己。國祚則是已露曙光，是時轉運來也。

（六）五權憲法：首言憲法的意義，約為三種：實質的意義、形式的意義、近代的意義。

（1）實質憲法之意義，憲法乃是國家之基本大法，亦即規定國家的基本組織，如對團體、政體、包括中央地方各級政府組織、職權，均有重要完整的規定，簡而言之憲法只是一本靜態的書而已。

（2）形式憲法的意義，不問其憲法形式，為成文（如中、美）或不成文（如英國）。

（3）價值信念的分類：A.自由民主式的憲法，肯定個人生存價值、契約自由、保障人權。認為國家是不可避免的惡，而統治作用是不得已的。B.社會民主式的憲法，政府的功能、角色及社會綠活方面的界定，追求價值公道分配，是針對資本主義分配不公的糾正和修改。C.共產主義式的憲法，強調政府權力的集中，否定經濟自由，限定私有財產，憲法本身是統治的工具。D.宗教式的憲法，像回教國家硬性用宗教來界定其國家之屬性，可蘭經為回教的信條和基本原則。

（4）憲法與憲政的意義：憲政之治又稱「立憲主義」或「憲政主義。」憲法只是靜靜的一本書，而憲政是政府與人民相互之操作及運用。憲政的目的是在法治的基礎上，以民意的依歸；以保障人權為最高的宗旨。憲政即以限制政府權力的方式來保障人民權利，因而憲法的變遷與成長，就必須依附在「憲政」的主軸上運轉，執政者必須隨時體察時代的趨勢與民眾的反映，以修憲或釋憲的方式來充實憲政的內涵，使之以名符其實。

（七）五權憲法：是國父中山先生政治學上所首創，因它不屬上述任一憲法名稱和形式。而是針對世界兩個政治制度典範：（1）英國之內閣制（2）美國之三權分立，據之為發展衍生之起點，而憲察其對世界各國凡風土、人情，社會文化之適應性，找出其共同公約數，乃滌除糟粕，攝取精美，輒創建本五權憲法。

（1）英國雖被譽為內閣之母（mother of cabinet），而實際它自於國會（亦即（mother of parliament）。因英國是不成文憲法，當然也

就屬於為柔性憲法了。因英國是國會至上，國會有法律主權，而所謂之國會主權，乃是英王（king in parliament），是上院和下院主權。按歷史的變革及折衝和慣例，演變成目前的上下兩院制。上院不能再由世襲貴族及封爵居上卑下，一切決議及法案形同交下院背書。現國會政情漸進逆轉，只要首相在下院獲得多數支持，便可為所欲為了。因為首相及閣員由國會產生，並對國會自己負責。因此英國雖亦有立法（國會），行政（內閣），及司法（法院）三個部門，就不能像美國那樣三分立了。反成三合一體。此外，上院議長，不但是首席大法官，樞密院司法委員會主席，還是內閣的閣員之一。雖說法院（司法）獨立，可免於政治壓力，但實無權解釋憲法。所以凡國會制定的法律，法院不得宣判法律為違憲。且不得以國會制定法違憲為理由拒不執行。因此，凡國會通過的法律能追溯既往（不符法學通論原則），能使過去非法的為合法，也能使過去合法的為非法。因之美國相互制衡的三權分立及司法審查，在英國根本是不存在的。

（2）美國的三權分立：法儒孟德斯鳩的三權分立制衡原理，在他的法國尚無人知曉為何物時，反飄洋越海，在美國生根，建立起三權分立的總統制。而又演變形成總統獨裁。三權分立何公會形成總統獨裁：按美國憲法第一條是國會職權（立法權），第二條是總統權（行政權），第三條是法院職權（司法權）。三都互相牽制。而司法是審查平衡立法（董事會），與行政（經理部）間之爭議。可是實行演變的結果，總統不經國會援權或同意，竟擅自派兵到海外作戰，犧牲美國子弟，時在打仗。何會致此，法學家論曰：「美國憲法籠統彈性主義」（Doctrine of Vagueness and Flexibility）。英

國各政治家柏克（Edmnd Burke）曾說：「法律在成時應三緘其口。」
（Laws are commended to hold their tongues among arms）。這句各言
影響極大，特利於總統。因此，在這個瞬息萬變的世界裡，國會反
應不及，總統乘機取得了緊急專制權（A Temporary Dietorship 如古
羅馬之獨裁政治）。並有藉口及法律之依據：總統在就職時之誓詞
「余誓以忠誠執行合眾國總統之職務，並竭盡我能力維護格遵合眾
國之憲法，並祇上帝保佑。」。根據總統之緊急權及作戰權，不僅
限於執行聯邦國內法，亦可因覆行國際法及對外條約之義務而出
兵。案美國憲法何會有如此模糊地帶，考其文，乃肇因於英國殖嚴
時代，英總督卑殖民議會，不屈尊與之直接打交道。以後自原十三
州到合眾國之建立，沿下來形成總統不臨國會施政報告，只致送國
情咨文到國會，而國會亦無得向總統質詢。因此，總統與國會之互
動，如國會立法窒礙難行，總統對之有否決權（Veto），或自行政
否決（Executive Veto），而國會無信任投票迫使總統下台，總統亦
無解散國會權。斯就是英國遺留殖民時代之憲政殘跡。

　　有人說：美國憲法有如此之弊，何不修憲。但總統四年一換，
做出成績，可再連任一次，續任共八年總統，憲法雖有瑕疵，但構
不成威脅到國家安全。可是整天在打仗，世人皆在責難，美國是個
霸權的國家，不遵重別國生存。在世人責難壓力下，難以自圓其說，
而則露骨的說是為美國自身利益。甚至連益格魯薩克遜的英國亦難
例外。美國譽之為自由，民主的國家，何不修憲以繕之。按美國憲
法之條正案程序，參眾兩院各四分之三提案修正，再經州議會四分
之三通過方可生效，州只准加入，不得退出。這樣的憲法修正案，

簡直是剛性憲法中的鐵板一塊。說穿了，美憲根本難能修正，又兼有擴張主義。這樣繼續下去，美國總統還在露骨的說；為自身之利益。將來會找藉口，美國基於國內外情勢之急迫需要，大選無法如期舉行，眷戀不去，能免不演成獨裁政治的國家。

國父中山先生有鑑美國憲政及此，乃決定將美國國會的立法權兼調查彈劾，分為立法權、彈劾案，成為我國的立法，監察兩院，避免球員兼裁判。將政權含自行考試任用制度，分成行政、考試兩院，防杜有政治分贓（Spoils Systsm），情事之發生。況吾國之御史大夫及考試制度在英國等國家都受到高度讚譽。而當今世界首先有建立監察制度的國家，是斯堪的那維亞半島的國家。這樣四院加司法可互相牽制，而皆向國民大會負責。而國民大會是政權機關，人民有選舉、罷免、創制及複決四權，不怕政府有態。國民大會則是人民選出代表，再由是選出人民口中的總統，而總統是國家的最高行政首長，有治權。使之權能分開，人民覺得總統不好，可隨時罷免，法律不通，可另行創立或複決。免有他國不信投票，倒閣及解散國會之政治危機風潮。筆者在此敢說，五權憲法是世界最完美的憲法。只礙於時空因素，未克展現。

第四節　短評

惜！這部世界最完美的五權憲法，遭當今政要、豎子各為逞其野心私慾，一再為自己量身修憲搞的一部自由民主的憲法遍體鱗傷

連魂都沒了，在國際間，傾西瓜偎大邊，為模仿法國第五共和總統有權無責，採總統可隨導任命總理（行政院長），不經提名且立院同意是為所欲為，是政治賄賂酬庸互有對價關係。殊不知法國是左右共治（Cohabit）若總統與國會各數黨不同黨，總理一職（行政院長）由多數黨領袖任之，現執者只模仿了一反荒腔走板。現正為奉迎美國，欲採三權分立，當政者竟自甘墮落，而又色厲內荏，但五院黨存，亦致使國之不國，實是現之大賊也。

蔣公篇

第一章

成長背景

第一節　公之誕生及其家世淵源

　　公於一八八七年（民前二十五年）十月三十一日生於浙江省奉化縣武嶺溪口鎮玉泰塩舖樓上。父諱肇聰，母王采玉，名蔣瑞元，譜名周泰，學名志清，字介石，是仿孫中山先生，則改為中正。世人通常稱他蔣介石。介是「巨大」的意思，是從「泰」字衍義而來。至其家世是南宋時源自河南許昌遷來的殷商。

　　奉化山川秀麗，崗巒崢嶸，武嶺溪口，流水潺潺，清澈見底，繞山迴漩，盪漾兀山澗瀑布，幽奉化之煙景。此對蔣公起超脫之素性，而志剛堅忍之特質，是絕對的關係。

　　蔣公介石先生原本是個俊秀少艾，在十四歲時尚是個活躍好動的頑童，而自已乍起一點都不知道，竟比他大五歲的奉化岩頭村鄉下大姑毛福梅（一八八二年生）成了夫妻，是經父母媒妁之言。對蔣公而言，尚不知閨房樂是什麼！但蔣公成熟的很快，在他十七歲時便帶著毛福梅到寧波去讀書過著獨立的生活。不久，蔣公要東洋去學習，便把毛福梅送回她娘家。一九〇八年蔣公果從日本回到上

海度假，毛福梅則自家鄉趕來上海團聚。但因鄉下人太土，不懂得應酬，蔣公對之大發雷霆，不合心意。可是過了一個暑假毛福梅則生了一個兒子名經國。這對毛福梅來說有了保障，對蔣公有了傳承之作。事情可說就這樣安了。然而蔣公對這位鄉吧佬而樸實妻子反而感情逐漸淡化了。

茲節筆李敖及汪榮祖合著「蔣介石評傳」上冊第九三頁至九十五頁如下：辛亥革命那年，蔣介石納出身寒微而容貌出眾的蘇州女人姚冶誠為妾。至身世可見之於一九二七年十月十八日天津「益世報」的記載：「女出身寒微，當南北和議告成時，蔣隨陳英士居滬，陳每過北里，蔣亦偕往，在筵席間見蔣氏，刻意奉迎，終至以身相託。」則所謂「寒微」者，實係出身北里身家不清。蔣介石公然把小妾帶回老家，長久以來空閨獨守，以及深受傳統影響的毛福梅也不以為意，認男人娶小老婆，早已見怪不怪，甚至待姚氏如同姊妹。很多人稱讚毛氏的寬宏大量。毛福梅生了蔣經國後，一九一六年十月六日又出現了一個蔣緯國，緯國既非毛氏所生，亦非姚氏生，是那裡來的呢？原來王采玉一定要把經國承姚已故的小兒子，蔣介石又得了性病不能再生，於是把戴季陶的兒子抱來，取名緯國，又名建鎬，與經國的別名建豐相對，自小就當作自己的兒子，不過，緯國雖然有父，仍然無母，蔣介石遂要緯國認姚冶誠為母，由姚氏撫養。但由蔣緯國談語錄原稿，更確定緯國與經國原「非血統關係」，並得知緯國係日婦所出，曾於抗戰後「獨自一人悄然赴日」，見到八十歲的山田純一郎，找到「青田公墓」，在荒涼的墓園裡，向母墳「就地跪拜，默禱念誦之後，才黯然離開」事實上，他在

談話中亦已透露，他自德返國，蔣介石曾親口告訴他，他不是蔣家的兒子。他的生父乃是他稱作「親伯」的戴季陶。他也不諱言自己有兩位父親。毛氏為蔣介石侍奉老母，教養經國，姚氏為他扶養緯國，一妻一妾職有專守，然而蔣介石於一九二○與二一年間的日記，不時抱怨一妻一妾；「余於毛氏，平日人影步聲皆足以刺激神經……決計離婚，以蠲痛苦，甚恨冶誠不知治家法，痛罵一場，娶妾之為害，實不勝言！」大有出妻休妾之態。此時蔣介石在上海狂戀陳潔如，陳畢竟是身家清白而且受過新式教育的女子，不可能做第二個小老婆，免不了明媒正娶。北里出身的姚氏，原是侍妾之身，容易打發。但是元配毛氏，既是他唯一兒子的娘，又得蔣母歡心，難以狠下心來。然而一九二一年六月十四日，蔣母王采玉死了，年僅五十八歲。蔣介石於辦完母喪後，在同年十一月二十八日的晚上，當著經國、緯國，宣讀事前寫好的文書，與妻妾脫離家庭關係。

　　至於愛上陳潔如的關係請看「蔣介石評傳」第九十至九十二頁，乃節筆之；一九一九年夏天，仍在上海做生意的蔣介石在張靜江家裡初識一個十三歲的小女生陳潔如而一見鍾情。陳潔如原名陳鳳，而倆人初見時，在場的還有孫中山和戴季陶。蔣氏當時已三十出頭見到十三歲女孩除了異性相吸外，特別由於孫中山對這位女孩「嘉勉」使得蔣介石更墜入情網窮追不捨。展開情書攻勢，表示拜倒裙邊的決心。至倆人何以會成婚，是陳鳳在張靜江家出現時，乃因比她大五歲好友朱逸民嫁給張老頭做續弦，再由朱逸民從中拉線，最後由張靜江正式說媒而成。

　　至攸關宋美齡之隆重結婚大事容後另述。

第二節　六韜教育

　　王太夫人因蔣公好嬉，尤樂水，憂之，遂在六歲早送入家塾。七歲仍讀家塾，課餘與群童嬉戲好作軍隊戰鬥狀，自為大將指揮之，至十四歲已讀畢論語、孟子、詩易、左傳、尚書、十五歲習為策論、史、古文辭。

　　公十七歲赴縣城鳳麓學堂受新式教育始習英文、數學，亦留意西學時事之研究。但為改良學校校務，爭諸當事者，力持正義，幾被開除學籍，仍肄業於鳳麓學堂。此與一般少年血氣方剛鬧事者迴不相同。

　　而軍事教育肇始於寧波顧清廉之周秦諸子，說文解字，及曾文集，並研究性理之學。再授公以孫子兵法，且講述民族大義，公始有出國學陸軍之志願。

　　民前六年（光緒三十二年丙午公元一九〇六年）公二十歲正月赴縣城肄業龍津中學堂，四月東渡日本肄業東京清華學校冬返國。在東京識陳其美。二十一歲夏赴保定肄業陸軍部全軍陸軍速成學堂，聞日本教官侮辱中國言論，起而折服之幾犯罪。年終應考留日陸軍學生獲選。二十二歲再東渡日本入振武學校，並由陳其美介紹加入同盟會。至二十四歲卒業振武學校，升入高田野砲兵第十三團為士官候補生。

　　綜先　總統蔣公屈經中西文武教育二十幾載，實係難得的卓越偉大軍事、政治家。

第二章

初展韜略

第一節　參與革命

黃花崗之役革命黨人雖慘遭失敗，然全國久蜇之人心前仆後繼奔向革命。時尤革命前輩黃興、宋教仁等對革命正熾烈之進行，而上海之陳其美亦絕不後人。

公於民前四年公元一九○八年經陳其美介紹加入同盟會，事在他再東渡日本振武學校學習時，過兩年得　晉謁國父傾談國家大事，孫總理讚公為難得之革命奇才。導引出革命思想家之啟發投入救國拯民之壯志。

武昌起義，公得訊義憤填膺乃徵服返滬在陳其美今主持攻浙江，並任攻浙敢死隊指揮官炸巡撫署光復杭州而至全浙並助陳其美底定全蘇使程德全在蘇州獨立，陳氏為革命黨人是上海都督。而革命黨之軍餉有源。

同盟會甫成立時，國父四處奔波為革命幕捐。陶成章時亦在南洋奔走革命需錢孔急，曾向國父要求捐款五萬元不遂，竟聯絡章太炎詆毀國父美其名在革命，實假名騙財。甚不惜顛倒是非，

肆口漫罵婉對強敵。破壞革命團體莫此為甚，並擬對革命最忠堅先進陳其美下手謀刺之。蔣中正深覺此嚴重的威脅了國父外，亦造成了革命志業的未來鉅大傷害，且對介紹他加入同盟會，得緣晉謁國父的恩人陳其美的生命面臨立即喪命的危險遂決義將陶成章殺之！

　　按蔣中正與陶成章同屬浙奉化人是同鄉，陶成章是儒學，蔣公是少年軍官，可說世事根本互不相干，何會有如此慘劇，是蔣公激於義，欲取仁，而震驚了四面八方，贏了全國人民之令譽，但仍不失為是一刑案。國父卻心感蔣公是為革命再添一位不可多得的勇士，則默而誌之雖係刑事，但屬義舉。

第二節　遠走日本

　　刺案成功，陳其美則已規復上海，被舉為滬軍都督。蔣公為避風頭，遂辭滬軍第五團團長而東渡日本，借機研習德文，預備留學德國。並創刊《軍聲雜誌》。而在一九一三年春（民國二年），驚聞宋教仁案因指責袁世凱政府因循腐敗被刺。即束裝回戎而響應國父討袁號召。適其時，陳其美為上海討袁總司令，特挽蔣公相助。七月間，正各省相繼起兵，公亦奉陳其美總司令攻江南製造局。不克，乃從事密秘活動，旋赴日本。

第三節　蔣中正出，陳炯明消

陳炯明（一八七八－一九三三年）字競存，廣東海豐人，幼入私塾，二十歲中秀才，一九〇六年入廣東政法學校，一九〇八年畢業。一九〇九年六月被選為廣東省諮議局議員。同年加入同盟會，一九一〇年參加廣州新軍起義。黃花崗起義時任一路指揮，辛亥革命後任廣州副都督，旋代理都督。一九一三年六月被北京政府任命為廣東都督。民國成立後陳炯明與孫中山站在同一革命陣線上，關係密切。當孫大總統進行二次革命時，陳炯明一度宣布廣東獨立，失敗後轉赴南洋。一九一六年他參加討袁，在廣東惠州成立粵軍總司令部，自任總司令，一九一七年參加護法運動。一九一八年孫大總統令其出任援閩粵軍總司令打垮福建北洋軍閥李厚基督軍。時蔣公就援閩粵軍總司令部作戰科主任。一九二〇年第三期赴閩攻擊及作戰計劃旋奉陳炯明任命蔣公為粵軍第二軍前敵總指揮官。一九二〇年夏桂系軍踞粵孫中山決定申討，派朱執信、廖仲愷，蔣介石接踵入閩促陳炯明回師驅桂，時陳擁兵自重，尚暗自觀望，待桂系先犯，才於漳州出兵，蔣介石銜命前來助陣，使打敗桂系陸榮廷，拿下廣州。一九二一年四月，非常國會選舉孫文為中華民國大總統五月五日就職於廣州。時蔣公尚在陳炯明屬下而無實權，加之遭人嫉視和攻擊，決留函請辭，孫氏深知廣東政情尚複雜詭譎，乃親臨蔣公寓所勸挽，說；「此時你若走，則我與你都機能全失，人無靈魂，軀殼何用！」先生感激涕零。（據蔣氏孫大總統蒙難記）。但慈母病重決返里侍母，不幸王

太夫人竟六月十四日病逝。不久陳炯明勾結北洋軍閥而野心奪權
乃砲打廣州觀音山粵秀樓大總統官邸。

　　孫大總統乃急電奪情，請蔣公速來粵助我，應移孝作忠「墨絰
從戎」，蔣公得息，間道赴難偕同孫氏喬裝平民，越過哨兵關卡登
上效忠孫公的「永豐」炮艦，守護孫大總統朝夕共生死患難，與陳
逆雙方敵對四十餘日。叛逆陳炯明為徹底毀消孫大總統並在海上布
雷，幸天相吉人並未爆炸，英美船艦同感魚雷威脅曾提抗議，但是
無效。四十餘日艦上已糧盡水竭，又無援軍急救，蔣公毅然冒險犯
難，穿越故人之炮火駛向珠江下游，轉登英輪前往香港，並於民國
十一年八月中旬搭一艘俄國號輪船安抵上海。

　　陳炯明為奪權反叛國父，何以會狠心要消滅國父。在叛變之
前，國父曾寬宏大度百般勸勉而誘導勿傷團結影響革命。但他仍執
迷不悟背道而行之。若綜其原因不外下列幾項：一、心中有嫉，蔣
介石是軍事長才，俊彥。然無可用之卒。而陳炯明手下有上萬大軍，
出身行伍，卻有實權。官階在蔣介石之上，但受人尊重不若蔣公。
二、陳氏受教資歷都很完整，都在國內。孫中山之受教除在國內而
兼有國外，並游走四方，曾為革命奔過環宇。三、加入同盟會，國
父允納俯珍並予照顧，不報有恩，久之，反認國父鼓吹虛張革命純
系「大砲」，今天利用滇桂軍系對抗北洋軍閥，明運用滇系軍人對
付桂系軍閥，根本沒有什麼。四、陳氏曾在一九一三年（民國二年）
六月被北京政府任命為廣東都督。就此種下了造反的因子。並勾結
吳佩孚及帝國主義阻撓國父且堅決北伐統一中國。竟諉以主「建立
聯邦制政府為統一中國之原則」，反對國民黨「一黨專政」贊成多

黨制的民主政體。贏得前清洪門祕密各社團組成正式為「中國致公黨」，推舉陳炯明為總理，雲南的唐繼堯副之。

然一九二五年被國父所建立之完整政治體系之「國民政治」而是「以黨治國」，及蔣介石當時之兵權人物打敗，則陳炯明退隱香港於一九三三年病逝，享年五十五歲。

第三章

任黃埔軍校校長

第一節　與蘇之初接

與蘇聯接觸源自一九一七（民國六年），第一次世界大戰，中國之參戰是由協約國施壓所致，也成了段祺瑞之主張。但此政策亦可藉之「廢除不平等條約」的希望。幸美國總統威爾遜（Wilson）於一九一八年一月向世人提出十四項和平原則，其中鄭重承諾戰後將德國在山東一切權利歸還中國。但日本要索取這些權利，並早於大戰期間已在東京同各國秘密協議條款獲得這些權利之保護。據稱威爾遜在戰後之巴黎和會中，才獲悉東京這項秘密協議條款，但不幸，由於顧慮日本或不可能在凡爾賽和平條約中簽字，並不參加國際聯盟組織，因而對日本的無理要求而讓步，出賣了山東權利。因此中國代表團憤然退出巴黎和會以示抗議，當時在中國本國內掀起一陣抗美背信忘義的怒吼。因此，這時之中國在國際間已受到孤立，也就是為什麼中國逐漸傾向蘇俄。

　　孫逸仙博士在此情況之下，曾致函俄共領導階層中稱述，拯救被壓迫之民族及建立永久之和平，當為中蘇兩國革命之共同目標。這封信函曾在蘇俄獲得相當良好肯定的迴響。當時蘇俄外交總長齊采林（G.W. Tschischerin）特別致函向孫逸仙博士致謝。並有一九一九年七月二十五日蘇俄代理勞農外交總長加拉罕（Leu Karakhan）向全國中國人民及中國南、北方政府發表聲明；蘇聯願放棄沙皇時代向中國奪取之一切侵略品，如東三省及其他等地，無條件的歸還南滿，中東鐵路，勞農政府並放棄中國因義和團之亂負欠之賠款以及廢除半殖民地所有之各特權。然而這些承諾只是口頭，而實惠不見。

　　嗣後，孫逸仙博士與在北京的蘇俄外交官越飛（Adolf Joffe）舉行多次談判，越飛曾提出中國國民黨應與中國共產黨組織聯合政府的建議，孫氏堅決地予以拒絕。最後僅達成某形式的合作協議；孫氏同意共產黨員應個別並同時在保留的態度之下加入中國國民黨。此時中國國民黨員約有三十萬，而共產黨保有黨員四百人。

　　孫逸仙博士因胸有「蘇俄、聯共、扶助農工」三大政策，與蘇聯關係日愈臻切，國際共產荷籍代表馬林向孫中山建議派「孫逸仙博士代表團」訪蘇。議定其訪蘇團員經篩選定額如下：代表團共四人，團長蔣介石，團員有張太雷、沈定一、王登雲而張太雷乃是著名的中共人，王登雲為訪團英文秘書、沈定一是早期之共產黨員。

第二節　擔任校長

　　代表團一行四人於一九二三年（民國十二年）八月十六日啟程訪蘇三個多月，期間受朝野上下熱烈之歡迎，尤其為孫中山所派之特使，蘇俄領導人物如軍事人民委員托洛斯基、外交人民委員齊采林、蘇維埃主席加里寧等都予高規格的接待。同時在莫斯科期間還晤見了越南革命領袖胡志明。惟一沒有見到的是列寧，這並不是列寧不想晤蔣介石，而據稱列寧已病得不省人事，事後證明列寧沒有多久就死了。

　　考察團從中央到地方，再自基層到中央，全面考察圓滿成功。並於十二月十五日上午九時返抵上海。以後即總結考察向國父報告：陳述蘇俄與吾國政治制度完全不同，需防蘇、慎防被赤化等情。孫中山並不以此為意。雖報告撰寫於上海是慢了些，原因是民十三年一月在廣州召開之全代會因缺蔣介石之與會。但為避免旁者雜言及嫉妒，容後仍宣布黃埔軍校長蔣中正先生是他屬意之人選。按當時情況粵籍人才無論文的或武的多於南山之樗木。像許崇智是廣東番禺人，無論其學經歷都在蔣中正之上，惟獨浙江之蔣中正有捨己為人，肯為黨國之革命有犧牲忘我之精神。事說如刺殺陶成章以及永豐艦上（現改為中山艦）與國父共生死患難與共，而黃埔軍校校長也就非他莫屬了。

第四章

中國統一，禦侮圖強

第一節　北伐前之四角關係

　　國父逝世之前，根本就無所謂繼承問題，因在他一九一四年六月在東京中華革命黨被舉為總理。一九二九年四月一日受國民政府命令表揚尊晉為國父。民國元年辭讓南京政府臨時大總統職位給袁世凱，但為防袁世凱違法亂紀，侵害人權。特向參院提案通過臨時約法藉資杜袁擅權，是有針對性之設。因此，在國父民國十四年三月十二日病逝於北平，並未有意誰是繼承人。而也就是日後發生了相互爭權領導權糾紛不已。

　　至一九二五年（民國十四年）八月二十日廖仲愷遇刺身亡。因有胡漢民極欲任領導大位，而其弟胡毅生曾過度熱烈支持，竟公然聲明要「剷除」第三者，因廖時居右偏左，結果破案兇手是楊錦龍、張國楨二人所為，均判死刑。而胡毅生在逃，事涉胡漢民竟系他指使，還是預謀？其站在同一戰線之知友汪精衛頗感難為，但也不得從輕發落就遠放胡漢民到蘇俄駐莫斯科大使，而遠離廣州之政治圈。而此一槍也至回邊只剩下汪精衛與蔣介石二人之對決了，但不

影響蘇俄離間策略之運用，相反的倒可容易偽善兼施，易於達到其
所圖。

第二節　中山艦事件

　　國父中山先生逝世後，誰是真正的政治領導者並未有任何明
示，不過由於中山事件之發生，可看出端倪。

　　同時關於此點，在前面第五章第三節中確知雖未指定何人是領
導者，但以事實之援與，毫無疑問，無論是在主觀或客觀上是蔣中
正先生，攸關此事蘇俄比誰都清楚，不然怎麼會拿蔣中正當為打擊
之對象呢！

　　因此，蘇俄及其共產份子為吸收軍校學生及部隊中之跨黨份子
就製造謠言說；蔣中正已加入了共產黨，誘引學生向共產黨靠攏而
瓦解國民黨。

　　當時在聯俄容共政策之下國共不分，像董必武、林佰渠（林
祖涵）原是同盟會員，而又加了共產黨。而沈定一為蔣中正考察
蘇俄團之團員早就是共產份子。所以在這混淆中蔣中正先生是一
支清流砥柱。處此情況下，廣州政府之政治蘇俄顧問鮑羅廷暗中
操弄中山艦開往海參威。事情即被發覺，尤其中山艦原就是蔣中
正與國父共生死患難之永豐艦其陰謀當被揭穿。時黃埔軍校校長
兼廣州衛戍司令蔣中正即宣布戒嚴令，警衛隊包圍蘇俄顧問住

宅，逮捕共產幹部八十餘人，並收繳了共產份子所操用之槍械五十萬支。

　　事端至此，蔣中正不想事件擴大，蘇俄方面為其既定之目的，只好忍讓，彼此互相利用。蔣中正尚需蘇俄之援助準備北伐，而第三國際而需要共產份子寄存於國民黨中繼續發展。

第三節　北伐的初步勝利

　　國父逝世前，雖病勢重危，仍不忘北伐統一中國，而曾有身臨粵北韶關督戰。蔣中正校長紹繼國父遺志，不顧黨內外及國際情勢之險惡詭譎而堅決北伐。而當前討伐之主敵是吳佩孚、孫傳芳以及曾為敵前利益願與孫中山、段祺瑞合擊過吳佩孚及張作霖。論國際關係各為自身利益分與當地勢力派之軍閥勾結力阻北伐。像蘇俄曾為讓共黨發展，雖則互相諒解，然私下密議：我們想利用蔣介石，結果反被他利用了。在內部汪精衛勾結外力或異端要懲罰，是寸步維艱。

　　綜之，經蔣公仔細評估分析：吳佩孚據鄂豫有漢陽二大兵工廠，踞京漢鐵路要津，武漢更為全國政經中心。若英國資助則兵勢復舊。張作霖佔領著平津，以奉天為根據地有瀋陽、德州兩兵工廠，京奉及津浦兩大鐵路幹線，日本如企圖東北，而勢力不可小覷。孫傳芳盤據江、浙、閩、贛諸省，美國有意聯孫制日之傾向，香港政府而則慫恿兩廣地方惡勢力及土匪等擾亂想獲利。蔣中正覺情勢危

急。四面楚歌而列強謀我已極，處此若不果敢稍縱即喪失救國圖存，拯我蒼民之機會。蔣公誓言：為達既定宗旨，我寧可「拋頭斷頭」在所不惜。

所以在一九二六年（民十五年）六月五日中央執委會臨全會中，蔣中正校長迅速提出北伐案，該委會即同意其提案並於同日任命蔣校長為國民革命軍總司令。

經蔣總司令之政情仔細評估分析：當時吳佩孚之部隊約有五十萬之眾，我國民革命軍合計有五萬之譜。可是他們雖兵多將廣而沒主義，缺乏教育訓練而又貪斂，說穿了簡直就是烏合之眾。有人說吳佩孚用兵神速驍勇善戰，不過如此而已。我革命軍與之相比雖眾寡懸殊，然有一心為國捐軀之主義，具有良好之教育訓練絕不會有二意。

其討伐北軍政治口號「打倒吳佩孚，連絡孫傳芳，不理張作霖」藉收遠交近攻各個為之擊破之效。則集中追擊吳佩孚至汀泗橋，途中有唐生智由背汪精衛轉輸誠向蔣總司令，並於六月二日接受番號為國民革命軍長兼前敵總指揮亦為討吳之新主力。吳至此感到無奈潰退至武漢。至有名的五省聯軍總司令孫傳芳論資歷優於吳佩孚者甚，想坐收漁利，屬騎牆派，雖有日籍軍事顧問岡村寧次（毛澤東字典三百五十頁載）但缺乏主導性，仍依附吳玉師，終被國民革命趕至江西南昌。孫傳芳在閩、贛、浙被連敗後，不得不向北京之奉系張作霖求援，遂即派魯軍張宗昌、褚玉璞自津浦鐵路南下支援也只是一時之強心針而已，不足扭轉戰局。在攻克南京方面蔣總司令親自指揮，先令李宗仁為江左軍，程潛為江右軍集中力量進取安慶而略取蕪湖，此外安徽陳調元又投誠，安徽遂不血刃而定，浙江亦

平。蔣總司令也乘楚同艦在采石磯水面督戰。使直魯軍殘部狼狽而逃，由浦口退卻，革命軍渡江追擊。二十四日，國民革命軍光復南京。四月十五日經中央政治會議決定遵從中山先生遺教定南京為吾國首都，並推舉胡漢民為國民政府主席，正式在南京辦公。此時中國國民黨之中央部黨有武漢、南京兩處辦公，行成空前分裂之局面。在寧漢分裂後，南京和武漢分別收復徐州和鄭州，這一輝煌軍事成果，致寧漢分裂沒擴大反消失。

第四節　二度北伐

武漢政權表意合作，實際為了對付南京之蔣總司令，竟於民國十六年六月班師北伐軍自鄭州至湖北，唐生智則率兵沿長江東下進窺南京。蔣氏不得不將大軍由徐州移往長江上游以作防範。七月二十四日張宗昌，孫傳芳就輕易奪回徐州，再趁機共黨在各地擴大事端之除，蔣總司令通電辭職，京畿防禦鬆弛時，張孫二軍集結兵力七萬餘眾，大舉向龍潭近處渡江，威脅首都南京。其擔負防衛之部隊在何應欽與白崇禧指揮之下在棲霞一帶，奮勇迎擊，雖有眾寡之懸殊，但在英勇奮戰下，卒於八月三十日將眾敵殲於江南岸，生俘三萬餘人。並乘勢渡江北上，攻佔蚌埠徐州一帶。

民國十六年夏季後，閻錫山之晉軍，已加入國民革命軍陣營，並與馮玉祥之西北國民軍，同在河南及山西與優勢之奉軍相持。然

因國民革命軍在整體上缺乏統一指揮，仍可能受挫。而當此千鈞一髮之轉捩點時，馮玉祥、閻錫山都通電籲請團結合作，而蔣總司令在各方面之要求下，於民國十七年元月五日重行復職，使之紛亂局勢，頓然為之一變，成為有力之戰鬥統一指揮整體，並分由馮玉祥與閻錫山擔任第二、第三集團軍總司令。蔣公自兼北伐軍第一集團軍總司令，而合攻號稱百萬雄兵安國軍大元帥張作霖。而在他手轄下有孫傳芳、張宗昌、張學良、楊宇霆、張作相、吳俊陞、褚玉璞等七個方面軍團，形勢傲人。

蔣總司令再度北伐面臨新軍事局勢，國民革命軍得重新編排作分進合擊而對付奉軍之攻擊策略，首先奉軍想消滅晉軍，閻錫山在孤獨堅守固土山西。蔣總司令審度敵前情勢，決以調動長江上下諸軍北攻，以解豫晉之危。令第一集團軍向魯南急進，再與第二集團軍連絡，會攻濟寧，然後進取濟南，使第三集團軍相互策應，對平津奉軍形成包抄之勢。

濟南之捷，不單威脅平津，且震撼日本，因影響其在華利益，極怕中國統一。因而在張宗昌請求下，四月十四日，日本即派陸戰隊登陸青島，而藉口保僑於二十日抵達濟南阻擾國民革命北伐。國民革命軍蔣總司令洞悉其陰謀在破壞北伐，為免中計，繞渡黃河直撲平津。而第三集團軍和第二集團軍協同順勢進佔保定。而馮玉祥之國民軍並進駐南苑。

張作霖知大勢已去，屈身託詞不忍「同室操戈，喋血京畿」，不理日本帝國主義之勸阻，深夜乘火車出關，至皇姑屯附近時，被日本預埋之地雷炸死。而所有奉軍除孫傳芳向革命軍投降外，其他

殘餘則潰向關外，而還尚有零星部隊負隅頑抗者，不足扭轉大局，國民革命軍乃於八月進北平。

張作霖死後，張學良則喬裝回到瀋陽，而被奉系將領擁為東三省保安司令，東北局勢乃告底定。

張學良憤父之死慘，乃派王樹翰、刑士廉、徐燕謀為代表入關向國民政府接洽，蔣總司令斯時也遣人與之連繫，勸說歸服中央。此時日本再怎麼威脅利誘也是無效。乃有張學良、張作相、萬福霖聯名通電宣言東三省及熱河即奉行三民主義，服從國民政府蔣總司令之領導，乃於民國十七年十二月二十九日，將原來五色旗，改懸青天白日滿地紅國旗。十二月三十日，國民政府發表張學良為東北邊防軍司令長官，張作相、萬福霖為副司令長官，至是，全國統一完成，進入一個新局面。

第五節　北伐廓清、展向未來

與軍閥交鋒此起彼落，卒能廓清展開新局。然革命是尚未成功。並且還面臨著三種嚴峻挑戰及隱憂：一、野心軍人，二、共黨份子，三、日本帝國主義之公然侵略。而這三個問題，最大之危險是日本侵略是攸關國家生死存亡，關係到國家整體，只要大家團結奮起抵抗，而義無反顧，倒不成問題。而所謂之野心軍人，當然有別於軍閥在割據地稱雄公然對抗革命。而所謂野心軍人是對他有利

則敷衍順從，稍有不利，是陽奉陰為，不惜破壞革命，只為眼前小利而罔顧大局。至於共黨份子則寄存於國民黨內高倡國共合作，團結一致抗日，服膺蔣委員長領導，比誰都勇敢愛國。若政策與政府不調，則受第三國際指引下，以蘇俄當時與國民政府互惠下受援，向政府示意，則即可冰釋。其實共黨份子都在待機而動，恨不得一夜之間搞垮國民黨取而代之。在這多方面壓力下，據李敖與汪祖榮合著之蔣介石評傳中有一段：在西安事變一年前之民國二十四年，蔣總統已派其一位最親信之同僚前往維也納，作為他的私人代表，與俄國代表商議有無合力對抗日本侵略之可能。此舉雖無結果，然亦足反映蔣委員長在此時期的心情。他認識日本為我國最大的危險，甚至不憚考慮與所謂共黨合作，以對付日本。史實証明聯俄容共有其必要性。這與蔣公曾於民國十二、三間考察蘇聯向國父報告；慎防被蘇俄赤化。已驗証和國父之聯俄容共政策是有不謀而合之處。

第五章

西安事變

第一節 事件起因

攸關西安事變，眾說紛紜，莫衷一是，至今尚未見定論。不過事情不是出於「無」，就是出於「有」，其中必有因果關係。首先就其前因加一探討；張學良（一九〇一－二〇〇一）是民前十一年六月三日生在東北遼寧省台安縣，地處寒冷而物阜民豐，是繼承了先父事業但未必是志業。楊虎城是於陝西蒲城亦處寒冰地帶，但物力不若東北，然西安地居全國地理中心，秦漢兩代都曾在建都國威大展。是之，為中國文化輻射之所由。其二人之愛國情操，要無容疑。民國十七年因慈父不甘為日人利用而在「皇姑七屯」被日人炸斃，張學良為悼念慈父及愛國情懷同深植於內，誌而不忘。楊虎城則受傳統文化之薰陶，加之又比張學良大八歲，處事較張平穩。張學良父死後當年被舉為東北保安司令，才能獨當一面，而楊虎城早就參加護法討袁運動和辛亥革命。而且在民國十六年曾任國民軍陝北總指揮打敗直系軍閥吳新田，可說是能獨當一面。

　　他們二人抗日是堅決一致的。至蔣公之「安內攘外」政策到何種程度，他們二人有個概念上之默契，因楊虎城較歷練而主動權則禮讓張學良去作。原因張學良於民國二十二年四月有考察歐洲英、法、義等國，中國要強盛，必須採義、德方式，則對蔣公之「安內攘外」政策同意。否則東北軍在北平站不住腳，要打回老家去，只幾十萬部隊談何容易。一九三六年（民國二十五年）一月二十五日周恩來和毛澤東、彭德懷等二十位紅軍將領發表《紅軍為願意同東北軍聯合抗日致東北軍全體將士書》，四月七日由李克農陪同，八日晚到達膚施城。九日夜，周思來與張學良舉行談判，就聯合抗日的各種問題達成一致意見。五月五日毛澤東，朱德發布《停戰議和一致抗日通電》。（以上節錄周恩來生平大事年表）。加之中共每次會議，或與政府有什麼接觸及反映，都在配合張學良軍情之發展演出。如一九三六年十一月二日潘漢年就與南京政府談判合作給毛澤東，張聞天、周恩來，博古（秦邦憲）的報告；和陳立夫商談之內容；「大要言之有四個條件一、服膺三民主義；二、服從軍事委員會蔣委員長之指揮，三、取消紅軍，改編為國民革命軍，四、取消蘇維埃組織」，潘漢年反問陳立夫均非合作而是收編，蔣先生為什麼目前有此設想？大概誤為紅軍已到了無能為力的地步，或者受困於日本防共之提議。此事在陳立夫之「成敗之鑑」有提到。斯事在陶希聖執筆之「蘇俄在中國」由折性的確認此事，此外，據陳立夫在回憶中說：這時候的蘇聯只希望能促成中日戰爭，就是犧牲了中共，亦所不惜。因西線希特勒為內閣總理自任終身總統。又怕犯日外相廣田三原則。東西受制。張學良雖為副委員長，總司令未曾有人隻字向他透漏。

　　所以在一九三六年十一月二十四日（民國二十五年）張學良馳
電蔣公；有危險局面，勸他勿來西安，並請在洛陽會面。十二月三
日蔣公應允飛抵洛陽與之會商。非但不怕危險之局面，反加強了他
親來西安一行之決心。抵達洛陽機場時，立即見到一群東北軍官，
集聲陳述剿共的意見，蔣公拒與他們直談，囑其由他們之張司令轉
陳。其實蔣公已調動中央軍三十萬之外，還調度五十多架之戰鬥機
到西安機場。企圖一舉殲滅共軍，不死於沙場，也只有接受收編，
誰說都是耳旁風。而且隨同陪的高級嫡系將領蔣鼎文、陳誠（軍政
部次長）衛立煌、朱紹良、陳繼承、陳調元、萬燿煌、錢大鈞、和
軍事理論家蔣百里。展開文武場面。

　　是月五日，蔣公則召見蘭州綏靖主任朱紹良密商剿共事宜。六
月接見陝西省主席邵力子（三十八年政府和談五人代表團長之邵
力子在溪口會議中曾主向中共投降者中國現代史二六八頁）及其屬
下詢問剿匪軍事部署。七日在華清池設宴張學良及久不露面想見的
楊虎城。

第二節　由「苦諫」到「哭諫」而「兵諫」

　　一九三六年，秋風起新仇舊恨，恩恩怨怨，一齊湧上心頭。首
之，民國二十五年九月，萬餘西安學生冒著凜冽的寒風穿過西安大
街，聲勢而浩大的集會遊行，高喊著口號：「西北是國防之最前線，

堅決保衛大西北！凡有血性的中國人，絕不打自己！」「我們要團結一致抗日，反對內戰！」不停的喊著衝向華清池，向蔣委員長請願出兵抗日，支持張學良、楊虎城槍口一致對外的主張。

斯時之張學良百感交集；一、民國二十二年熱河省主席湯玉麟在他督戰之下，熱河不戰而退，留下不抵抗將軍之惡名，二、由於先父張作霖因親日反飲彈身亡，陰影不去。即使齏骨粉身，絕不作漢奸、傀儡。三、東北扯下五色旗「易幟」青天白日，服膺三民主義，就遵從蔣公領導，四、民國十七年北伐中國統一，蔣公因大業已完成率先向中央請辭國民革命軍總司令職，並為軍隊國家化徵求李宗仁、馮玉祥、閻錫山等三人意見。十九年時，三人各為保存自己勢力，另有所圖，張學良適出力挺蔣委員長，並宣言軍事行動，一場中原大戰則以平息。自是蔣公與張學良親如手足。五、民國二十五年四月九日夜周恩來與張學良舉行談判，就聯合抗日各種問題達成一致（周恩來生平大事，年表，八百九十八頁）。會中張學良提出中國要強盛，須走法西斯路線，周則回答沒有民意基礎。張則當場捐大洋伍萬圓紓困（據國家圖書館周恩來紀錄影片）。其實楊虎城早在北伐擊敗直系軍閥吳新田後，就與中國共產黨合作，在陝西耀縣設立「三民軍官學校」有請共產黨員授課。只是心藏不露而已。

還有事變前，有項紀錄；張學良的機要秘書苗劍秋勸他說：「我覺得陝北共黨不過是癬疥之疾，日本軍閥對我們的侵略才是百年大患呢！副司令應該建議蔣先生放下槍桿，同陝北合作才是」張學良聽了，「我的職務是剿匪副司令，你要我去和匪合作，這種想法太

混蛋了！」苗劍秋說：「你才混蛋呢！」放著國難家仇不報，一天到晚的替人家做走狗打內戰，你媽什麼資格罵我混蛋？」張學良是度量的人，他說：「你說得的，我們兩個都是混蛋！」（參酌李敖、汪榮祖、蔣介石評傳）

張學良生性是如此之豁達，富情感，遇事之解決，當極柔軟。尤其遇到國共問題，自覺雙方關係融洽良好，本次學生大遊行，願為請纓，展現其影響力量，絕未料到委員長屬言訓斥；何不制止學生前來華清池而予鎮壓。而陝西省主席邵力子早就指責學生竟在干預國政。他們一致認為共黨是國家致命癌症，而日本只是癬疥之疾。

結果碰個硬釘子敗興歸，急告楊虎城再誠諫乙次。八日上午十時許楊虎城到華清池晉諫蔣公回城遞傳張學良同遭失敗。

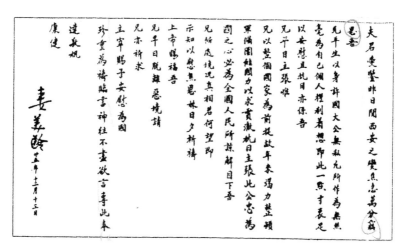

西安事變時，宋美齡寫給蔣介石的親筆信。
（圖片來源：《蔣介石與宋美齡》）

左為張學良，右為端納。

（圖片來源：《蔣介石與宋美齡》）

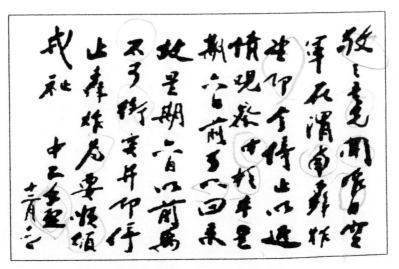

西安事變中，蔣介石停止討伐的手令。

（圖片來源：《蔣介石與宋美齡》）

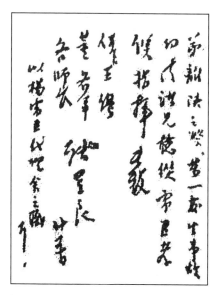

張學良被蔣介石拘禁前的最後一張手諭，命令各部聽從楊虎城、于學忠的指揮。
（圖片來源：《張學良生平年表》）

第三節　「兵諫」始末

　　張、楊二人之由「苦諫」到「哭諫」旨在企求免於內戰，團結一致抗日，雪恥救國。斷未料到如此境遇，委員長毫不領會善言，還拍桌訶斥指若叛徒。自嗣再也不存有任何他想，則密議決心採取軍事行動「兵諫」擬定計劃：楊虎城負責全城戒備包括監禁蔣系軍政大員，扣留機場飛機，進出要塞之監控，十七路軍是傾全力以赴。

　　十二月十日前夕張、楊捉捕蔣公之佈署業已完成。蔣委員長自信政策不忒，還意氣揚揚召開重要軍事會議決以收編或圍剿紅軍。而背後蕭牆之危迫在眉睫。張、楊關係親密極深，有長官隸屬不疑有他。十二月十一日張學良照例到華清池晉謁蔣公。張、楊真是保密到家只告部屬有任務，但不無天塌地拆山河動霹靂震天之大事就要發生。

　　大風暴是夜也，張學良急趕回官邸召開高級親信幹部；于學忠、王以哲、劉多基、繆澂流、孫銘九及白鳳翔等，會議決照計劃行事，要活捉蔣介石不得傷害，但孫銘九等人，並不認識蔣介石何許人也，張學良則出示他與蔣公之合照。孫銘九帶了一連多人驅車衝向華清池，迅即解除憲兵措手不及之武裝。時在凌晨五時半許，蔣公照例起，虔誠念經晨禱。但忽聞轅門外槍聲大作，初以為紅軍，即派人深查究竟而有去無回，再遣人往探是張學良之東北軍發動叛變。

　　現兵燹當頭，時情難料，既有預謀，定要脫逃窘迫，已被張之衛隊包圍。企偕同侍衛突圍，急而失足仆跌，腳破骨跌。由一侍衛背伏躲至一塊大石後亂草中想再跑，孫九銘則高喊是什麼人！請出來！蔣無奈只得挺身而出我是蔣委員就此被活捉。孫銘九則率同衛隊嚴密監護下，驅車馳往西安掛著紅旗的新城大樓。張學良仍稱蔣公為「委員長」堅陳其主張，須與蘇俄合作，一致抗日，甚不惜宣戰。蔣聞言端起來了，厲言回答：「你既稱我是委員長，你為我之下屬，你有兩種法可以對待我，如認我是你的長官，應立即護送返洛陽；否則你即是叛逆。余既陷於叛逆之手，你即殺吧！此外，無他話可說。」十四日下午張、楊對事變發生商定後楊虎城趕到，向蔣公行禮後，站在一旁，蔣公問曰：此事你事先知情否？楊坦誠具

答：知情。蔣公訓斥你們這種舉動真愚鈍糊塗！接著蔣公很客氣的問楊：「你們幹這等違犯紀律的事，究竟為什麼？」楊答：「主要是為了停止內戰和抗日。你們聽了什麼人的話嗎？答沒有是我們自己決定的。問題是一九三三年日本進攻熱河和冀東，我有向委員長請纓參加抗日，可惜未得到委員長所允許，現在全國人都不願打內戰，一致要求抗日，委員長始終不許，所以這種事情就發生了。」蔣公續問「你們這樣做對嗎？今後打算怎樣收拾這個變局？」楊說：「我們這次做得太魯莽，秩序很不好，以致有傷亡，且驚動了委員長。這一點我們要負任。至於今後問題為何解決，尚請委員長俯察輿情而決定。」

　　蔣自被捉時起，即透過副官而外發電報，張、楊扣而不發。但張學良有先告知事變的態度及主張，著請邵來新城大樓和蔣公會面。見時蔣公問：「他們做的事，你事先知不知道？邵答：一點也不知道。繼問；你現在怎麼樣？邵說：我現在住的是楊虎城的警衛隊室。彼此當然意會，邵說：事已至此，國家大事，還請委員長考慮張、楊的要求吧！蔣公則說起陳炯明在叛變前，時在我面前漫罵總理，我聽了不能忍受，即強烈的回應，對我的人格難道你們不知道嗎？」言罷被送回警衛室。」

　　當天十二日下午，張、楊即電告南京國民政府，於蔣公軟禁期間基於他的對日主張及態度提出下列五個條件：一、停止一切內戰，二、改組南京政府，三、容納各黨派於政府內，四、共負救國之責任，五、立即召開全國救國會議案，另有三個條件則已含其中。如果南京政府接受上述條件，他們則即釋放蔣公。

　　上述條件明人一看是柔中帶剛，是脅迫性。而蔣公心知肚明，將與家人和向所奉獻之黨國訣別了。請看他寫給宋美齡的遺囑文：蔣介石從被捉住那時起，自己懷疑必死，十三日他曾用便條給宋美齡寫了一個遺囑式的電報稿，交給副官代他發出，原文是：「美齡吾妻：余決心殉國，經國、緯國吾子即汝子，望善親之。蔣中正。二十五年（民國）十二月十二日」

　　十二月十二日張學良發動之「兵諫」，又稱雙十二事件，一般都說事變是張少帥一人所為，事實上幕後還有一要角楊虎城，事變之前，中共固然不知情，而遠在莫斯科的史太林更不知情。不過是事，南京政府極懷疑是蘇聯策動的，莫斯科之史太林得訊，十分惱火，即向中國駐蘇大使蔣廷黼提出抗議（見蔣廷黼回憶錄一九八—一九九頁）。原因蘇聯要守衛後門，懼日，極欲促成中國抗日，已有與蔣公中蘇互不侵犯條約等　公布，何會策動與一個毫無淵源的張學良發動事變。況中共當時並未成器，犧牲了也　不得什麼。

　　因了大軍封鎖，出現天方夜譚；蔣夫人則火星由上海衝向南京政府委託澳籍顧問端納（Donld）曾有任過張少帥之顧問，交給書信兩封。端納乘機飛往西安上空盤旋丟下一信筒，內有信函兩件：一、給夫君蔣公二、給少帥敘事情原委屬訓夫記。少帥見信物即焚火示降並予接待。至內容是什麼？請看下列書函：

　　　夫君受鑒昨日間西安之變立志萬分　　吾
　　　見平生以身許國大公無私允所作為無無亮為自己個人權
　　　利著想即此一點才表足以安忍且抗日亦係吾

兄平日主張惟

兄以鑒個國家為前捉故年來竭力整頓軍備團維國力以求貫

徹抗日主張此公忠為國之心必為全國人民所諒解目下吾

兄能處境現真相君何望即

示知以慰無思妹日夕祈禱

上帝賜福吾

兄平日脫離惡境請

兄亦祈

主寧賜予安忍為國

珍重為禱臨書神往不盡欲言專此本

　　西安事變發生時，宋美齡正在上海，當她得知消息後極為震驚。十二月十三日，宋美齡隨即趕赴南京，一方面與南京主戰派周旋，一方面展開營救蔣介石的行動。她先派端納帶信給張、蔣二人，並於稍後抵達西安。

　　端納下機後，拿出他捎來的宋美齡的兩封信，一封是給蔣介石的，一封是給張學良的。

　　宋美齡給張學良的信，大意是希望張學良就他與蔣介石的公私關係和國家大局前途慎重考慮。

　　宋美齡給蔣介石的信大意是：

　　你的脾氣不好，你心中的話總不肯好好地說給部下聽，
　　同時你也不能好好地傾聽部下對你的意見。這種情形，
　　我一直是很擔心的。因此，你每次出外，我總是陪同你

一起去，這次空協會在上海召開，我不能不去參加，所以沒能跟你一起到陝西來，想不到就在這一次出了事情！東北軍都是亡省亡家的人，他們同情抗日，要求抗日，是自然的事情，你應該把你心裡的話告訴他們，對他們的抗日情緒應該把你心裡的話告訴他們，對他們的抗日情緒應該很好地安慰。可是你不這樣做，所以激出事情來了。我現在託端納冒險去看你，望你為國家為民族保重身體。在可能和必要的時候，我願意到西安去一趟。最後告訴你一句話：南京的情形是戲中有戲。

　　這封信當時抄錄下來，張學良看過後，仍是還給端納。張和端納晤談時，首先告以蔣的安全情形，接著說明他對蔣並無惡意，只要蔣能答應停止內戰。一致抗日，張、楊還要擁護他作領袖。端納表示同意張的主張，並願竭力去說

　　右列重要文件，由於蔣公只講國文，而端納只會說英語，張學良原系 coupd'e.tat 者，現願為雙方服務，成中間人了。這封信的內容張學良看過，則還給端納。接著張和端納談話首先去告訴蔣公安全沒有問題，事變也沒惡意，蔣公則心中掉出了塊大石頭。

　　十二月十五日下午端納飛離西安經洛陽想十六晨抵南京，突天氣惡劣不能飛，用電話向夫人報告蔣、張交談詳情經過，強調張的美意及和平解決的願望。蔣夫人聽了報告，因營救蔣脫險心切，恐何應欽飛機臨空轟炸，危及蔣公安全，乃央請端納再飛回西安請蔣公手令制止何應欽的軍事行動，以便進行政治協商救蔣出院。請看下面手諭：

十七日早晨，蔣介石一面寫了一個手令，要何應欽停戰三日，一面又向張學良提出以停戰三日作為條件，要求在三天之內讓他返回南京。張學良雖然表示兩三天的時間不夠，許多問題來不及解決，但蔣還是照他的意見寫，手令原文如下：

> 敬之吾兄：聞昨日空軍在渭南轟炸，望即令停止。以近情觀察。終於本星期六日前可以回京，故星期六以前，萬不可衝突，並即停止轟炸，為要！中正手啟。十二月十七啟。十二月十七日。

手諭前軍令部長何應欽及蔣公至友戴季陶堅決主張：為保持國民政府威望，討伐叛亂份子勢在必行，並立即開除張學良之黨籍。其實十二月十三日已派轟炸機在西安上空示威，當時張學良諷譏；以強硬的口氣要打我們就打。

十二月十五日，毛澤東、朱德、周恩來等十五人據張聞天在窯洞裡政治局擴大會議決定；發表「攸關西安事變致國民黨電，西安事變，驚傳蔣氏被幽，事出意外，然此實系蔣氏對外退讓，對內用兵，對民而壓迫三大錯誤政策所致。」又說：張公等果欲自別於蔣氏，停止正在發動之內戰，罷免蔣氏，交付國人裁判，中共顯然是在「討蔣抗日。」十二月十七日晚間周恩來應張學良之之邀抵達西安後，商定和平解決五項條件如下：

一、立停內戰：中央軍全部開潼關。二、下令全國援綏抗戰。三、宋子文負責成立南京過渡政府，肅清一切親日派。四、成立抗日聯軍。五、解放政治犯，實現民主、武裝群眾、先在西安開籌備

會。由此協商，中共之立場已漸由「討蔣抗日」，自然漸傾向張學良「擁蔣抗日」，同意蔣公為中國政治領袖之主張。何會如此！中共於事中察覺到，蓋不如是，會有「土木保」之變，其他政客之圍剿，未必留有妥協餘地。

十二月二十日，蔣夫人因事情有了轉折，政局不再緊繃，已現緩和。極欲同宋子文、端納同往西安晤到夫君蔣公。前次得訊急欲衝上火線營救蔣公，除西安突發事件情況不明外，而南京政府方面意見紛歧更需協調安撫免節外生枝。本次不再考慮有他，因漢卿過去東北易幟服膺三民主義，擁護蔣委員長，中原大戰，漢卿力挺蔣公得以弭戰止爭，長官部屬感情記憶猶新，還有什麼不可以的呢！然宋子文仍勸阻不可，他應先去弄清事真像，再去也不為遲。萬一事情僵了，更糟。恐日後談判之主角及籌碼都沒了。所以當天只有宋子文和端納同飛西安。見時，張學良則坦誠告訴宋：東北軍、十七路軍和紅軍三方面已共同商定和平解決方針，只要蔣公答應張楊通電商定原八項，其中包括十二月十七日，周恩來所提五項之主張，三方面會一致同意釋放蔣公。而私底下楊虎城並不完全同意，因考慮到軍中反彈困境而不能自拔。

宋子文獲悉事變原委巔末，即與蔣公二人密談應變之計，而蔣公示意宋子文為達到早日脫離西安，一方面談判，另方面軍事威脅尚屬必要。（請參閱第三十二頁蔣氏十七日手諭。該手諭與蔣公十八日手諭戰略有不同主要是為避免衝突，示威為必要，但以後者內定等）

宋子文除了與張、楊會談，又和周恩來交談，周告訴宋西安事變中共朱曾插手，亦事先不知情。中共只要停止內戰，一致抗日，願事情和平解決。

宋子文獲此橄欖枝（Oivebranch）後，即回京告知幼妹美齡女士，乃於二十二日偕同蔣鼎文、端納、戴笠等同飛西安，張學良、楊虎城均到機場迎接。

宋美齡和張學良見面交談猶昔日長官夫人和部屬。蔣夫人直呼漢卿：「我帶的東西，沒有別的，都是吃的，還有蔣公的一副假牙。」張學良則親切輕鬆的答：「夫人的東西，我那敢檢查。」說著，就去會蔣公了，見時首先告訴她千萬不要簽任何文件或承諾什麼。

經過多次協商，談判，十二月二十四日張學良終讓蔣公可回南京，希喬裝離開西安，像楊虎城所言免得引起年輕軍官激情反彈，但為蔣公謝絕。如讓他離開西安，必須他的隨員同行，而且行動要公開。

激情、熱絡、巧事隨之俱來。就在登機時，機場內忽有一、二千名學生，蔣公以為是衝他而來，怕出意外，當即向楊虎城保証、我所答應的條件全部實現，我以「領袖的人格」擔保，否則你們可認我不是你們的領袖。我剛說話再重複一遍，自明天中央入關之軍隊，即起開出潼關。其他條件一併實現。其實那批學生是歡迎在綏遠作戰的英雄傅作義的。

斯時，張學良幡然大悟，他之事變劫持蔣公，並未收到預企效應。反之全國人民驚聞事變譁然，如同青天霹靂，致人民疼國五臟六腑爆裂。尤其在劫持蔣公後，閱其日記及重要文件：「今日我們所知委員長之人格真偉大，其對革命之忠，救國之苦，實非吾人想像所能及者。我等如此之魯莽。鮮因委員長未告知於下屬。否則斷不會有此之事！」

　　這時之張學良想隨蔣公同機飛往南京「負荊請罪」，蔣認不適而未允，可是人既來了，則就「將計就計」，而張學良之親信孫銘九立刻報告周恩來：副總司令已隨蔣先生起飛了，周恩來則問有多久了，答：有十幾分鐘了。周恩來頗諳其道！歎息！太晚了，此次分手，是千古之別！

　　飛機過境洛陽，歡迎場面盛大，中有親信大將祝紹周等人。蔣公即令張學良拍電報楊虎城立即釋放陳誠、衛立煌、及陳調元和被扣留的幾十架新式飛機。並令各部隊聽從楊虎城和于學忠（是山東蓬萊人為東北軍之嫡系）指揮。這是張學良被蔣介石拘禁前最後一張手諭。原文如下：

> 第靜法：燬第一在十事戰切　　見德從雪　　條指揮　立
> 致　　王維　各　　以楊　　代
> 西安、南京東西坼，易地楚囚換位，張學良囚焉！
> 觀西安事變，凡涉獵人物出路或下場，嗣後因功過浮沉，有脈絡可徵。

國際間對西安事變的評論：

　　一、蔣公被劫持，中共歡欣若狂，毛澤東的美國友人及作傳者史諾（Edaear Snow）在他的《紅色中國雜記》一書中敘述，毛澤東於其住在地在十二月十二日或十三日一次集會中稱蔣公為叛逆者，要求將蔣介石押來保安，交由人民公審！

　　二、十二月十四日：蘇聯「真理報」與「新聞報」認為張學良是「為了日本人與叛逆者汪精衛的利益」而劫持蔣公的

三、日本軍方黨羽……承認蔣介石領導中國統一之發展，使中國進步神速，對他們侵華的計劃，鑄成致命危機。

四、克姆林官的戰略家深知，委員長是在亞大陸足以發動抗衡力量，以阻止與防禦日本進攻的唯一東方軍事領袖。因此，他們願意愛惜蔣介石的性命。

五、英國報界：西安事變是中國歷史的轉折點；是失敗，也是勝利，中國走向全國團結一致抗日。

第六章

八年抗戰

第一節　抗戰前的日本

　　日本在一八五三年被美國海軍艦隊司令培里（Motthew Calbraithperry）打開門戶，強行同意開闢商埠。緊接英俄法荷等國跟進，並按例訂有治外法權，領事裁判權，各種不平等條約，破壞關稅行政制度等一連串舉措。中國在十三年前，即一八四〇年（道光二十年）而被英國打開門戶強銷鴉片，導致戰爭，其後遭受和日本相同之凌遲。

　　物極必反，日本有此之遭遇，難能忍受，則力求圖強，派員到西方各國考察等一系列改革措施，而有一八六七年之明治維新，嗣後成世界一流強國。而吾國滿清極度腐敗，幸有康梁一八九八年之維新（光緒二十四年戊戌政變）劫遭舊黨和慈禧太后之閹割和殺戮，功敗垂成，而康梁則亡命日本。

第二節　盧溝橋事變

事情發生在民國二十六年七月七日，地點是北平西南十五公里處，交通要道盧溝橋，藉口一名士兵失蹤而挑釁強行入宛平縣搜查。而實際上該失蹤士兵已歸隊。七月八日日軍就此打拂曉。為當地駐軍第二十九軍吉星文（金門砲戰時犧牲，後追晉上將）團長所嚴拒。而八年對日抗戰之序幕於焉展開。七月二十六日日軍佔據平津間要地，並調進大軍五個師團以上之精銳部隊、苛求中國軍隊撤出平津。蔣委員長知戰事不可避免，乃令華北軍政大員宋哲元在不喪失主權國格情形下，可作自主性的與之談判。至戰事擴大到何種程度，全歸責於日本。

在全面不得不展開對日抗戰序幕之前；日本故意找岔製造事端，有：（一）民國二十年「九一八中村事件」（二）民國二十一年一月之「一二八」企圖佔領淞滬威脅我首都測試國際反應，但由於英美認系無端之由而反對不逞，改採「淞滬停戰協定」又回軍東北培植溥儀為傀儡「滿洲國」三月一日發表宣言。（三）民國二十二年攻陷熱河，進迫長城，簽訂「塘沽協定」劃冀東二十二縣為非軍事區，雙方撤軍。（四）民國二十四年五月「河北事件」要求國民黨取締在河北反日活動，及撤換河北省主席及市長。（五）製造殷汝耕之「冀東共自治政府」。（六）日本還更以走私方法破壞我海關行政，強行阻撓我華北幣制之統一與改革。消極面破壞我財政金融基礎。（七）日本侵華之多管齊下，且拼零再成交一個「華北偽自治政府」俾便鎮壓制控。而侵奪野心繼續進迫。

　　民國二十六年七月七日，蔣委員長和周恩來在盧山談話「和平希望在緊要關頭，而根本在絕望之前一秒鐘，我們還是希望和平」這是一種不想戰的姿態。而緊接又申明四點：一、任何解決不得侵害中國主權與領土完整，二、冀東行政組織，不容不合法之改變，三、中央政府所派地方官吏，不能任人要求撤換，四、第二十九軍現在所駐地不能受任何約束此則即在陣前增強宋哲元之談判籌碼和後盾。並呼籲應戰後，祇有奮戰到底！地無分南北，年無分老幼，無論何人，皆有守土抗戰之責，抱定必死犧牲一切的決心。斯時連尚有軍閥割據迂腐思想未除之省份和共產黨（統稱八路軍，是國民政府編號）都在蔣委員長精神號召下奮起抵抗。

第三節　艱苦抗戰

　　據戰前日本第二十六任首相田中義一民國十六年之「奏摺」認中國之統一對日本極端不利，日本應以武力阻碍中國統一；欲征服中國，必先征服滿蒙；欲征服世界，必先征服中國。此一「奏摺」即日後之對華政策。就在一九三六年（民國二十五年）廣田弘毅提出「廣田三原則」強迫中國：（一）承認「偽滿洲國」（二）共同防共（三）消滅一切反日活動。如果接受了條件，等於是投降，不接受則有立即的戰爭。及第三十四任曾兩度拜首之文官首相近衛文麿乃又採懷柔政策，倡中日同文種，卻心狠貌和之手段而企日化中國

為其永久之附庸國，如招攬中國人至日本留學預以優惠等舉措。至陸相東條英機，心如其名，其內藏心計肆無忌憚的無所不用極將之殘暴屠殺無辜，圖懾服其國。

中國政府為此應戰，也採取了一系之相應措施；如調整行政組織為戰時機構，制訂律令，立防空法等等。原則上採「用盡當地救濟辦法」讓世人明確的認知戰爭之國際責任（Lnterational Resposibility）歸責於加害國——日本。

中國因歷經八年對日抗戰，而因中日軍力相差懸殊，乃隨戰況的應變大致可分三個時期：（一）從民國二十六年七月盧溝橋事變至二十七年十月武漢陷落為「轉進時期」，（二）自武漢陷落至民國三十年十一月太平洋戰爭爆發為「對峙時期」，（三）自太平洋戰爭爆發起至三十四年八月抗日勝利為「決戰時期」，也宣戰時期。同時在此特別一點要提的是民國二十七年六月間日軍銳利攻勢不可擋，中國軍隊特掘毀鄭州以東的花園口黃河堤防淹滅日軍數個師團真的是「障諸水而南向」阻滯了日軍之攻勢。日政界日後有人誅譏蔣政府不仁，但為了國家之生存，不得不然爾。

第四節　大戰之損益比

據德文亞六十年史輯要：民國三十四年蔣主席為抗戰建國八年紀念向全國廣播勗勉國人求反獨立統一，迫使日本無條件投降，並

經宣布抗戰八年，截止現在共擊斃日軍及俘虜達二百五十餘萬人。我陣亡官兵一百三十餘萬人。人民生命犧牲千萬人計，財產損失約四千八百八十億美元。

依戰爭現行慣用國際責任（International Responsibility）之歸責，應由加害特別是戰敗國負責賠償。但因到國內外之雙重因素不能索賠或根本未曾索賠。所謂之外在原因是美國為抗日而防聯蘇，戰後而內心懼蘇又防蘇而違反同盟國協議，同盟國不得單獨向戰敗討立和約，美國罔顧此議，率先對日訂金山和約，響應者多達四十餘國，中國一向親美當不例外。可是日本吉田茂我們政府譽之為元老政治家，實際上是一名地道的政客，對金山和約百般刁難，詭譎根本不讓中國參加。後有中日和約之簽訂；是因美國之施壓，我們釋明是金山和約之延伸，使得我們應得之賠償，變成無償之日後懸案，造成我整個中華民族重大之損失。

第七章

抗戰勝利後的中國

第一節　雅爾達密約

廣島投原子彈「救的人比殺的多」

美飛行員去世　從不後悔

【紐約特派員林少予／二日電】二次世界大戰時實際B-29轟炸機載住太平洋上空的美軍飛行員艾薩利在此間去世，據比去亞州哈特福市過世，享年九十二歲。遺比去世友不願接受訪問，出示一份聲明代表該家，以致哀。

地上副駕駛艾薩利在日本廣島投下原子彈的美軍飛行員，一日在俄亥俄州哥倫布市逝世，享年九十二歲。

他曾表示：「每晚都睡得很好，從未表示後悔，但是廣島的生還者仍十分少。」

他母親名字「Enola Gay」是比特當做飛機。從位於太平洋北馬里亞納群島的天寧島起飛，大個半小時後抵達廣島上空，八點十五分投擲原子彈「小男孩」。開啟了人類原子時代的一頁。三天後，第二架B-29轟炸機，將原子彈投在長崎市。八月十五日日本宣布投降。

提比特曾說過：「我們當然有憐憫。知道這種任務會造成重大傷亡。但是必須有人去做。」

情報。

紐約時報報導，一九九五年，原爆五十週年紀念時，提比特接受訪問時回憶說，當時他追不及待的要出來執行任務。他要盡一切力量打敗日本，因此當時也違下，這是富年他對美國人的基本心態。「我當然相信，我們教的人比殺的人更多。」更是我們有部份親友隨即不用跟被殺的人因為遠攻日本而死亡，部才是遠逆運的好景。」

轟炸廣島原機 飛行日誌拍賣

【達玉莊 綜合外電報導】一九四五年八月六日美國B-29轟炸機「安諾拉蓋」號對日本廣島投下第一枚原子彈，機上副駕駛駕駛路易斯中尉把這次扭開二次大戰局面的重大事件鉅細靡遺記錄在飛行日誌裡。這本重要的日誌廿七日在紐約佳士得公開拍賣，預料可以賣到廿萬至卅萬美元。

「小男孩」的原子彈飛越太平洋與廣島上空，直到完成任務飛返基地。路易斯不停地將所見所聞記錄在日誌裡，並穿插一幅爆炸時烈焰升空的素描。

路易斯寫下「沒有人知道下一分鐘會發生什麼事」原子彈爆炸後十五秒一分十五秒，安諾拉蓋號對廣島投下原子彈。

路易斯說：「我的老天爺！我們做了什麼？」佳士得說，這句話是對廣島原爆的第一手資料。惠義不凡。八月六日上午八時

原子彈爆炸。「我的老天爺！我們碰到兩次非常明顯的亂流」這是原爆對我們最具體的衝擊。」

「我們接著探頭以便觀察。眼前所見，無疑是歷來最大規模的爆炸。廣島十分之九被煙霧籠罩。一柱白雲不到三分鐘便衝上三萬英尺高空。接著上這五萬英尺。我相信機上所有人員都認為這次的經歷超出人類想像，超出人類理解範圍。不曉得我們殺了多少人？若我能活到一百歲，永不可能忘記這幾分鐘的經歷。」

　　一九四五年（民國三十四年）八月十四日，日本天皇正式宣布向中、英、美、蘇無條件投降。舉國上下載歌載舞，人民銷魂狂喜；有辦法，自後有福了。詎知在原子彈落地之前，尚需犧牲中國之人民生命財產，才確保打倒日本伏祈投降。於是有美總統羅斯福，英首相邱吉爾、蘇聯領袖史太林在一九四五年二月四日會於黑海雅爾達，討論蘇聯對日宣戰條件。羅斯福為避免或減少自己之生命財產損失，請史太林出兵東北地區，以中國之權利作交換條件，實際上就是出賣中國。

　　平常美國宣傳蘇聯終將赤化世界，將人民關入鐵幕。美國是在扮演維持世界和平之角色，但為什麼大西洋憲章（Atlan.tie Charter）是在維護人類基本人權，尊嚴，與價值，和不分男女及大小國家一律平等。現頓時白紙黑字竟灰飛煙滅，留給我們中國人的是無窮之禍患。

　　這年是日在黑海雅爾達，羅斯福和史太林私下秘密協定，羅請史在德國投降後三個月內，依下列條件，必須對日宣戰；

　　一、保持外蒙古（蒙古人民共和國）現狀

　　二、恢復蘇俄一九〇四年被日本侵害的權力：（一）庫頁島南部及附近島嶼，（二）開大連為國際商港，保障蘇俄在該港的優越利益，另以旅順為蘇俄租借的海軍基地。（三）中長鐵路及南滿鐵路由中蘇合營，保障蘇俄的優越權利

　　三、千島群島應歸蘇俄。

　　為了促進秘密協定得到確保付諸實施，史太林準備與中國再簽訂一個「中蘇友好同盟條約」，讓羅斯福徵得中國之同意。中國為了抗戰及同盟國美蘇之優勢，特別受美國力之感應。中國即不欲，亦不得不為，乃於一九四五年五月十日和蘇俄簽訂了所謂「中蘇友

好同盟條約」，其內容可說是羅、史秘密協定之翻版。只是要蘇俄在日本投降後，三個星期開始撤軍，並必須於三個月內完成。

雖有規定蘇俄撤退限期完成，可是中共不來，蘇俄不走，造成東北之陷落，致使中共之日漸壯大，成為對抗國民政府日後之有力基礎。

造成此一情況之出現，是盟軍最高統帥麥克阿瑟將軍依照雅爾達密約協定而作出受降地區之劃分。東北盟軍戰區由蘇俄受降，而史太林即遣馬林諾夫斯基統帥受降。蘇軍於八日第一枚原子彈投於廣島後，第二枚原子彈於九日投於長崎前正式對日宣戰，不到二十天大軍長驅直入東北三省及熱河，察哈爾；儼如入無人之境，自嗣種下了大陸淪陷的種子。

中國戰區受降範圍；為台灣及越南北緯十六度以北。該區明定日軍駐華派遣軍總司令岡村寧次代表向中華民國蔣主席投降。而蔣氏則責由陸軍總司令何應欽負責，九月九日在南京，岡村寧次代表日軍正式向何應欽將軍簽遞降書，八年之中日戰爭遂即告終。

雅爾達密約，「中蘇友好同盟條約」已成歷史，但在中國人民記憶中，是難以磨滅的春秋大事。

第二節　赫爾利從中斡旋

因「雅爾達密約」衍生之「中蘇友好同盟條約」，美國對我國覺得使終抱大虧歉，想對中國之損失，有機予以彌補，尤怕蘇

俄勢力在華擴張，乃於民國三十四年八月二十八日著由赫爾利大使陪同中共首領毛澤東、周恩來、王若飛由延安飛抵重慶與國民政府代表張群、張治中、王世杰等商談軍事及政治問題。前後會期共四十四天，是為「重慶會談」，會談結果由雙方代表簽會談紀要，於十月十日發表稱為「雙十紀要」。其內容分為十二項：如和平，建國之基本方針、政治民主化、國民大會、人民自由、黨派合法（民國二十六年八月二十五日紅軍三萬多人已改編國民革命軍為八路軍，據周恩來生平大事年表九〇〇頁附錄篇），特務機關、釋放政治犯、地方自治、軍隊國家化、解放區、奸偽、受降等問題。凡此屬原則性的，有的當可接受，有的可以研討。可是中共得隴望蜀，會談中爭論最多的是「解放區」政府問題，中共要獨立於國民政府之外，其他重要省份及院轄市之副首長應由中國共產黨員擔任。事情至此已成軍閥割據時期之重現、簡言之，是國中有國了。說白了國共和談是假象，中共志在奪得政權是目的。

重慶會談，未達成心願，毛澤東十月十一日返回延安，十三日即下令共軍對國軍展開全面之攻擊。是之，遍地烽火狼煙，人民顛沛流離，國家瀕臨破碎邊緣。是時美總統杜魯門乃於民國三十四年十二月發表對華政策。而赫爾利大使爾協商失利辭職回到華府。杜魯門則遣特使馬歇爾五星上將，第二次世界大戰時曾任陸軍參謀厥功至偉係重量級人物，來對國共調停。而國共雙方都相當拘謹，不敢妄動，一方怕失掉美援，他方怕刺激美國對己不利。換言之，都認為馬歇爾之調停尚稱公允。但馬歇爾有一著露出了破綻，

是國軍在東北之部隊追剿共軍不受限制。因東北是蘇聯在地佔領之受降區。美使來華調停之真正目的促成中國和平統一。防止蘇聯在華勢力之擴張。此點竟為共產日後對馬歇爾居間調停之公允性，頗有微詞。

第三節　停戰變成擴戰

　　蔣公在其所著「蘇俄在中國」一書中（第三百八〇頁）追述道；他雖然對美國的調停談判不表樂觀，但對馬歇爾將軍。以他在世界上的信譽和地位，可能達成的任務，抱有一絲的希望。

　　何會有此想？原因是一九四五年十一月赫爾利大使辭職返回華府向國務貝爾納斯（Byrnes）報出美國對華政策及國共間協商情形作出了精闢之分析。二人會後，貝爾納斯口授赫氏返華恢復原職。

　　蔣公本來對美之來華調停不甚樂觀。如馬歇爾將軍於三十四年十二月十五日自美來華，在重慶記者招待會上宣稱；他之建議已獲得華府認同，曾經為　蔣公新信任的魏德邁將軍為赫爾利大使之繼任者。

　　不樂觀的是因赫爾利在國共間之協商不利而喪失大使一職。樂觀而又喜的是魏德邁將軍來華繼任大使其位。但共產代表聞此訊後，立即堅決予以反對。而馬歇爾即致副國務親請撤回對魏德邁所擬頒之任命。嗣後經與周恩來商洽而決定燕京大學校長司徒雷登（John Leighton Stuart）為繼任駐華大使。

　　馬歇爾在第一次停戰協定時曾聲言；國軍在東北之行動不受限制，可是當國軍收復長春後，要乘勝追越松花江收復哈爾濱時，而馬歇爾竟退出調處，並強迫國民政府於六月六日頒發第二次停戰令。接著共軍即四處向國軍發動攻擊。馬歇爾此一舉措是否因哈爾濱尚有萬餘俄軍以上，避免正面衝突，真正原因，尚難探索。不過隨即於六月下旬起中共對美態度不斷之指責而陡變。此時中共私下正在與俄進行一項貿易協定。並拒絕調處。國軍即於十月十一日收復張家口，而政府亦決定於十一月十二日召開國民大會，為促使中共參加國大，並恢復協商，蔣主席十一月八日再頒全國性的第三次停戰令，限令全國軍隊於十一月十一日中午起停止戰鬥，各守原防。中共卻仍堅決拒絕，蓋中共所暗中進行之貿易協定，乃於十二月二十一日和蘇俄正式簽訂。該項協定包括可獲得戰略物資和技術援助，可進行大規模的戰爭。馬歇爾至此，於民國三十六年一月八日乃束裝離華返美，就任國務卿，將調處失敗之責任，歸咎國共雙方不妥協之頑固份子，對國民政府責備尤嚴。其任國務卿時，對中國政府諸多不利，如緩議五億援華，現又稱中共為第五縱隊（Fifth Column），既失時又失勢。

第八章

國共內戰

第一節　東北、華北、華中相繼失守

　　馬歇爾來華任國共之調處失敗，乃束裝返國。而我政府對剿共戰局成為屢敗屢戰狀態。終於導致了東北之失守，華北難保。共軍得輾轉入關，使平津搖搖欲墜。而駐北平之華北剿匪總司令傅作義見勢而藉口，為保護故都文化而開城揖共，因北平周邊之衛星都市不保，而南北要衝之濟南則相繼淪陷。

　　談起濟南是古之豪傑欲座北京向南面或為欲座南統一六國，而欲霸中原，稱英雄人物者，濟南為必經（爭）之地。

　　徐蚌古戰場，國共大軍從四處集結對峙。國軍約五十餘萬，屬顯形極易察之精銳部隊。而共軍是剛在抗戰勝利時，不願解甲歸田之游擊部隊，自喻為：此處不養爹，自有養爹處，處處不養爹，爺爺當八路（為國民政府當時之編號），在就地向共軍之挹注，連同已身之正規軍，都在百萬大軍之上。

　　戰鬥自民國三十七年十一月八日始至次年一月十一日止，大戰歷時一個多月，實為決定國共誰上誰下，決定性之一戰。造成雙方

傷亡損失慘重。國軍之黃伯韜、黃維、邱清泉三大兵團全部瓦解，黃伯韜則殺身成仁，其他官兵幸而有不傷亡者，則失跡。斯時共黨雄居中原，大軍迫近長江，指向南京！

第二節　桂系趁機主和　蔣公知難而退

徐蚌決定性之大會戰，勝負已見分曉，即回顧環宇看是誰家之天下。桂系首領李宗仁，為了抓權，視本次戰爭，似「鷸蚌相爭」，當機不可失。正徐蚌會戰在熾烈進行，坊間就有謠傳，國民黨為對付自己國人竟動用了原子彈（或原子粉）。李宗仁於此刻即授意其親信黃紹竑、甘介侯等暗中游走和談，其消息暴露，影響之大，則不言可預。

李宗仁果於三十七年十二月二十五日由駐節漢口之華中剿匪總司令而統帥五十萬大軍之自崇禧和湖南省主席之程潛之發動，表示願與共黨和談，要求　蔣公「下野」。

其實桂系要挾　蔣公「下野」，非此一椿。連同本次，計有三次。頭一次是民國十六年蔣介石、汪精衛二人互爭正統及最高領導權，李宗仁、白崇禧乘機逼宮、蔣公於八月十三日宣布下野，離寧回奉化老家，而桂系掌管了南京政府。第二次是民國三十年（一九三一年）五月兩廣軍閥及政黨因政治分贓，在廣州成立了反蔣的「國民政府」，發生了寧粵戰爭。其他省的國民黨軍閥也趁此機會

反蔣，企圖參加權力分配談判，又衍生了「上海和會」，此時中山先生夫人宋慶齡則以超然之立場指責；在政府中誰得了什麼職位和權力並不重要，為什麼構成全國大多數的農民、工人之苦難和急需，而隻字未提，教訓意味濃厚。

而「上海和會」通過寧粵雙方同時舉行國民「四大」選出數量相等之中央委員作為寧粵的合作基礎。九月十八日在「四大」召開時，陳濟棠等則排斥孫科、汪精衛在粵的勢力，並電促蔣介石「下野」蔣氏於十二月十五日宣布從之。

和談除桂系是實力派外，尚有美國背後撐腰。而國民黨湖北省參議會亦致電蔣介石，要國是改弦更張，恢復和談。在內外情勢壓力下，蔣公於民國三十八年元旦發表文告，表示如果中共誠意言和，提出在保存國民黨軍隊的完整，憲法憲政和法統的條件下，人民的自由生活方式及其最低標準獲得保障，政府極願言和，至於個人進退出處無所縈懷。同時任命陳誠擔任台灣省政府主席，蔣經國擔任省黨部主任委員，萬一大陸發生意外，台灣可為復興基地。

元月初旬，李宗仁旋派黃紹竑至漢口與白崇禧磋商後，即赴香港和中共代表接洽和談，中共於一月十四日提出和平八項條件：（一）懲治戰犯；（二）廢止憲法；（三）廢止中華民國法統；（四）改編政府軍隊；（五）沒收官僚資本；（六）改革土地制度；（七）取消中美條約；（八）成立聯合政府，接收南京政府的一切權力。十六日晚，蔣總統在他溪口約集有關人士討論時局。會中邵力子主張投降，一些立法委員亦有類似主張，要求政府向中共

求和。蔣總統遂於一月二十一日宣布「引退」，其總統職權，由李副總統宗仁代理。李代總統視事後，宣稱願以中共八項條件為和談基礎。但在中共刁難下，則派邵力子、張治中、黃紹竑、李蒸為政府和談代表，後又加入劉斐。四月一日，和談代表由南京飛抵北平，五日和談會議開始。政府代表要求劃長江分治，時毛澤東意氣高昂，不論戰或和堅持要渡江。至此中共所謂之八項和談條件，實際等於對戰敗者招降書，並限政府代表於四月二十日簽字。逾時共軍即渡江行事。

中共之談判條件為此苛刻，使李代總統處於兩難之極端困窘。李宗仁不得已，則致函宋慶齡說：蔣介石已「凌然引退」請出面維持現局，並希望到南京出為領導，共策國是，俾和平早日實現，以國家人民實利是賴。但宋慶齡毫不為所動，仍留在上海，似是準備在迎接中國人民解放戰爭的偉大勝利。

現廣州政府（二月初剛從南京遷來此）決議，決反對招降式的和談，而原握有軍事實權之白崇禧亦翻然大悟，態度為之已變。而蔣公之心情斯時悲喜交集。喜的是他之智穎睿知，堅決反共，已收到靈驗。悲的是紅禍尚在續至。果不所言，和談代表邵力子、和張治中自北平急電李代總統准其在限期內簽字，李氏最後同意白崇禧的意見，命令各代表離平南返，但代表却反投降了中共。

和談失敗，共軍渡江之際，蔣公以中國國民總裁身分，約李代總統於四月二十二日至杭州洽商政局，與會者尚有行政院長何應欽、華中軍政長官白崇禧及西南軍政長官張群等，決定今後對於中共，惟有堅決作戰。不料言猶在耳，李代總統未至政府所在地廣州

處理政務，却逕飛桂林駐守，有所待也。而國民黨中央推居正等赴桂林促李氏早日去廣州。李氏主和受挫敗，遭物議而不自責，反致函總裁多所要脅，包括要求蔣總裁出國，換取外援。蔣總裁對李代總統各項意見，不便置評，惟對必須出國一事謂「……我為民主國家之自由國民，不意國尚未亡，而置身無所，至於此極」。而黃埔軍人實仍聽從總裁指揮，尚不至於此極。

　　在蔣總裁引退後，民國三十八年八月五日，美國政府艾奇遜發表「中美關係白皮書」，指責國民政府，企圖推卸美國對華政策之錯誤。而國是因之日蹙。就在這年十二月七日政府播台，而蔣中正先於十二月十日飛抵台北，是當國家正在危難多秋之時，李代總統宗仁竟擅離職守遠飛美國。蔣總裁在各民意機關敦促與軍民同胞殷望之下，於三十九年三月復職視事，領導繼續反共，建設台灣，光復大陸。

第九章

國府遷臺

第一節　世界之偉人，日本的救星

民國三十八年（一九四九），國民政府在台灣政是風雨飄搖，生死存亡之秋。不料，美國國務卿艾奇遜竟落井下石，對華發表「中美關係白皮書」，指責國民政府貪腐無能，企圖擺脫對華政策失敗之責。不僅如此，其美駐南京大使司徒雷登還滯留大陸，想觀察毛澤東之「中」俄親密關係，如毛稍漏口風，略見友善或中立性，或許即行建交，承認北京政府。而斯時之蔣介石總統似仍在恍惚，中華民國政府究還能存在多久！

不過二年後，也就是民國四十一年，日本著名記者橘善守報導：日本天皇及其臣民，朝野上下均頌揚蔣介石非但是世界之偉人，更是日本的救星。目光遠大，構成盟國在開羅會議對日之政策（詳情附圖如下）。

此一著名日本記者撰寫此文，以透露上次戰爭中「最大的外交秘密故事」橘氏在台北期間，曾與此事有關的中國官員們，作充分的調查與會談。

橘氏的報導為每日新聞以顯著的地位刊出，實際上已佔去該報本日晚刊的第二版全幅版面。橘氏介紹蔣總統為一位偉大的人物他在戰爭結束之時，在日本天皇制度繼存應變的問題上，曾作重大的決定。據橘氏說：蔣總統所得的結論是所有其他的國家，都不應干涉日本的問題，經過他長時間的仔細研究後，就將此意在開羅會議中提出。據橘氏報導稱：蔣總統在這一方面的建議，為開羅會議所採用，而且被同盟國認為是與投降後的日本交涉時的原則，其後復在波茨坦宣言中具體化。他說：在與日本作戰的八年中，日本天皇制度的將來一事，在中國也是爭論不已。蔣總統將那些要求廢除天皇制度的人們說服，也是一件「艱難的戰爭」。他斷續透露說：一九四三年十一月廿三日晚間，是決定戰後日本天皇命運的緊要關頭。這位日本記者報導說：在會議時，蔣總統提出日本的軍閥應對戰爭負責，至於天皇的存在問題，應給日本人民自己去決定。橘善守報導說：蔣總統對羅斯福所表示的意見最後終於成了同盟國對投降後日本的政策原則。但因在開羅宣言中未曾隻字提及有關天皇制度，所以日本天皇為蔣總統所拯救的祕密外交事件，在過去數年中也就埋沒了。日本投降後所發表的那篇以德報怨的文告，雖以家喻戶曉，但蔣總統是日本天皇制度的「救星」一事，這還是第一次向日本大眾公布。

　　現我們共在同條船上，陳水扁竟語驚四座，忽高喊蔣介石是「二二八」事件之元兇，殺人魔王，究為那樁！但筆者聞之，瞭其心意，則左耳進右耳出。

　　殊不知他登上國之大位，原係是吃著國民黨的奶水養大的。要說他是「坐井觀天」，見天小、夜郎自大，因他不知有世界，而只知有台灣，巧的是他又是台灣著名學府台大法律系畢業，考上律師第一名。選民付託他為改革之龍頭。結果，他卻目空一切，自就任總統伊始，即御用周遭心腹，上下其手成一共犯結構，事事捏造名目Ａ錢。害人，害己，鮮不知恥，禍延後代。現已淪為過街老鼠、人人在喊打，還在繼續製造問題，為非作歹不已。

　　說到陳水扁「坐井觀天」，夜郎自大，其實台灣並不小。就舉孔子周遊列國而論；他的魯國出發，最南不逾長江，最北到衛（河北）尚未曾涉足遼東。可是他的影響達兩千餘年，成為中、日、韓以及中南半島等國家之教範，他之聲譽，道德繼續在世界各地發揚。現你陳水扁咒罵蔣介石是殺人魔王，然日人朝野均稱蔣介石是日本之救星，二者無形中成了尖銳之對比。

第二節　戎馬倥傯，不忘建國

　　蔣公之復職視事，是由於桂系主和，等於向中共輸誠，露出了「色厲內荏」。故中共發出豪語要將國民黨大員一律當戰犯嚴

懲。導致了紅潮洶湧難以抵擋。然總統　蔣公勇於狂風暴雨，戎馬倥傯中展開建設「台灣為三民主義之模範省」為光復大陸之復興基地。毅然在民國四十年一月七日推行台灣省縣市長以及縣市議員之首屆選舉，以實施地方自治，為憲政奠定基石。

國父彼時之「實業計劃」，惜尚未考量將台灣列入建設藍圖。所以國父當年曾有力主「台灣獨立」，但絕與現時之歧異份子所謂之「台灣獨立建國」迥異。前者號召台胞脫離日本供役殖民地之次等人民。回歸祖國當主人。後者硬要和祖國斷絕血緣關係，造成血不繼，而後患無窮。

實施地方自治，奠定憲政基石後，乃次第推展三七五減租，和耕者有其田，以至平均地權。

三七五減租，規定佃租租額，以耕地主要作物正產品千分之三七五限。以全年收獲總量之標準計。故按照耕地等則評地，有一定標準額，因佃農努力耕作，致收穫量增加，其增加部分即全為佃農所有。使生產意願增加，且有餘糧，可供外銷、購買力增強、工業產品市場擴大、農村社群則安和樂利。

三七五減租，佃農減輕了負擔，而又增產擴大了市場。但並未徹底解決耕地租佃問題，故又於民國四十二年一月二十六日政府公布實施耕者有其田條例。根據此一條例；大地主壟斷土地，有地不耕，佃農肯耕又無田，過往佃農因繳不起地租，而揭鍋鎖門之窘境不再。

由於實施耕者有其田政策，政府使原來之佃農均成為自耕農，並未增加負擔，但卻獲得土地之所有權與耕作權。過去地主所存在

之土地，保留土地限額外，而超過限額之土地均被徵收放領。自此大地主對農奴（Manor VS. Serf）之界線可說完全清除。使農工業供需關係均衡發展，漸成工業國了。

　　民國四十三年八月二十六日政府公布之平均地權條例，由於都市平均地權實施之成功，決定全面實施平均地權，則全部土地，均依規定地價，照價徵稅、照價收買、漲價歸公。地價稅之課徵制採累進法。現由報地價、土地重測等工作均已完成。國父之理想建國藍圖，由先總統　蔣公服膺遵循實現了。

　　倫理建設方面；民國五十七年前國民小學畢業，升入初級國中，須經入學考試。為人父母者望子成龍、望女成鳳，都在聘請優良教師課外補習（惡補），冀能達成升學或更好學校之目的，造成兒童身心健康，極嚴重的傷害。反觀戰後我國東隣之日本，其兒童之發育竟較我國兒童為優。先總統　蔣公有鑒及此，毅然決定於民國五十七年九月九日全面實施九年國民義務教育。消除國民小學升入初級中學這一關卡。並免繳學費。

第三節　戒嚴

　　西方人講到「戒嚴法」（Martial Law）如談虎色變。在中國當亦不是一件好事。但絕不是「關起門來，修理辦飯的」。相信台灣

省主席陳誠於民國三十八年五月九日頒布戒嚴令，是情非不得已，誰願背此惡名。結果台灣之戒嚴令竟長達三十餘年！

但為要建設「台灣成為三民主義之模範省」首要任務必須肅清內部所潛伏之「匪諜」，例如引發二二八事變之陳儀，凡有作戰計劃必先通敵之國防部情報中將次長吳石、以及土共蔡孝乾，只要台灣有任何動靜即電報延安人民政府，他們均伏法，坦誠不諱，於法有據，則均已分別執行槍決。

現設若政府當時沒有戒嚴法，對這些匪諜及因他們所衍生出之離異和附尾份子。政府有何德、何能，憑什麼法處置他們，料必道高一尺、魔高一丈，惡人告狀反噬，而台灣前進不堪設想。

更重要的尚不只如此。如果對岸共軍、紅禍大軍洶湧跨海全面展開潮水般的人海戰術。在當時，我們台灣有大地主，富商、巨賈。試問台灣誰是軍事政治家？在國家面臨攸關生死存亡之時捨先總統 蔣公外誰能屹立不搖，當中流砥柱？所以我們今天在台灣過著安和樂利，小而美的富裕生活！我們不是無條件的敬頌先總統 蔣公之高瞻遠矚和戒嚴法之功效。

現再舉先總統 蔣公於戎馬倥傯中撼動世局一樁：即完成北伐，政局底定。從民國十六年至民國二十六年，其十年間全面展開，積極國家建設，進步神速。日本忌華日強，提前發動侵華戰爭，致建未竟全功，並導致國共內鬥殘殺。迫使政府遷台，而有機建設「台灣為三民主義之模範省」，富足了台灣，強補十年間未竟全功之憾，堪足告慰先總統 蔣公在天之靈。考其中國這場歷史性之浩劫，其禍首是導源於日本。不知現生活在台灣的人認它是福？還是禍？

第四節　外舉不避仇，內舉不避子

　　民國四十一年三月二十九日青年節那天，先總統　蔣公發表〈告全國青年書〉，號召青年成立「中國青年救國團」。如同抗戰期間號召十萬青年十萬軍、一寸山河、一寸血，起而抵抗日本侵略。現敵友互易，當前是反共抗俄，反赤化。先總統　蔣公於民國十二年曾奉命考察蘇俄三個多月從中央到地方深入到每個角落。所以　蔣公對蘇俄之政情知之甚稔。並認蔣經國曾留學蘇俄，身臨其境有目睹蘇聯之「先鋒隊」（Pioneers）和「共青團」（Komsomols）之教育，和思想訓練及各項活動。以此為借鏡，教育青年有三民主義之思想替代馬列主義，是我們中國未來之希望。蔣經國時為中青代，任他為青年救國主任，沒人比他更為適合。可是部份學人，並不以為然，而頗有微辭，認蔣經國是在玩弄青年。

　　時運不濟，民國四十三年台灣省主席吳國楨因貪瀆以合法掩護非法出國，在美放話：政府不民主、有多所政治犯監獄、背叛國家、誣衊政府達到政治庇護之目的。有扯到小蔣。又民國四十六年五月二十四日美軍上士雷諾茲之老婆在洗澡，因軍官劉自然偷看被殺，激起國人憤慨，其間有救國團青年參與其事。美國認小蔣（Young Chiaing），有蘇俄背景，就是事情的幕後黑手。五月二十六日先總統　蔣公在士林官邸接見美國藍欽大使為此表示歉意，事情則告一段落。

　　言及陳誠屈一伸萬，居副總統要津。是政策制定人和執法者，對青年救國團各項政治活動，基本上和蔣經國在理念和政治意識型態（political ideology），有些分歧。加之，依憲法第四十七條規定：總統得連選連任乙次。而蔣總統的第二任快到期了。屆時接替總統大位的人，當然是副總統陳誠。所謂之選舉，權在國民大會也僅是程序而已。這時有些民代、高級知識份子和大師級學人為顧及國家前途，頗讚同和擁陳出面競選總統。然而每有機緣，會提及小蔣之救國團事，他們二人之不和、已三人成虎。據筆者憶及，當時有美聯社（AP）記者曾為此事來訪問小蔣（Young Chiaing）：汝將是你父親未來的繼承人？小蔣回以：中華民國是有憲政的國家，陳副總統是我的長輩，這是子虛烏有的謠傳。不料，陳副總統於民國五十四年三月五日因肝癌謝世，不幸國失掉一位清官，更喪失了一位肯為國家服務奉獻的領導人。反之，有幸的事，天佑台灣——吾民！嗣後有統一建設國家的思想家。是謠傳？還是真象！

第五節　經國先生不辱父命

　　人之初，性本善。蔣經國幼時受慈母鄉土純樸薰陶，繼有受嚴父之磨礪，青年時在俄國接受共產教育，據台灣通史作者史明描述：在俄時他母親毛福梅曾去函促其學成後，趕快回家我們發財。

蔣回函；我們不單發自己的財，我們要發國家的財，更重要的我們還要發大家的財。結果，蔣經國成為一個跨越時空，及文化圈的大眾人物了。

可是他父親去世後，曾引孟夫子之言：「大孝終身慕父母」，無時無刻不在悲痛哀思中。因此，他每自省察，檢討，於國，於黨貢獻既咎其少，而對於父親教他做人處世之訓勉，實踐篤行者，更咎其不足。然而，針對他在俄國所受共產教育，與他回國後之語義意，顯而有些不調變。首言於國貢獻不夠說得過去。但於黨顯有偏頗，因黨在國家中是一部人。

現回顧而慎思之，他已皈依了中國固有文化，主要是儒家思想。如中庸「君子之道，辟如行遠，必自邇，登高必自卑」，足徵蔣經國深知事業要有成，須實踐力行、必自修身、方寸之地幹起。

蔣經國在民國六十一年任行政院長前，在江西贛南創出一片天地號稱：「贛南蔣青天」。上海打虎，因吸取了馬列優質部份、打豪門、倒權貴致令孔、宋、蔣家憂悶不樂，然而知子、莫於其父，大家只有心照不宣。任東北特派員是以子之矛攻子之盾，代表他父親至克宮談中俄領土問題，史太林猙獰的翹起髭鬚，指著「雅尔達密約」，這是羅斯福簽過字的。

因此，蔣經國一路走來，飄風發發。民國三十八年大陸變色，蔣經國先來台為政府舖路到掌國家兵符，歷經艱辛粹鍊。於民國六十七年當上第六任總統，除繼續推動十大建設既已經數個四年和六年經建計劃外，並再推十一大計劃，使台灣經濟成長，迅速不斷的向上提升。

　　人事方面，豁達大度，用人唯才，則提任孫運璿行政院長，是資格接班人。

　　孫氏是二戰後，來台接管日本所留下經破壞，幾無生產力之電廠。經孫運璿大力重建後，成為發展台灣經濟的主要能源。後來進交通部再經濟部。因值退出聯合國，友邦相繼斷絕外交關係。國際情勢及政治對我極端之不利，主政者感到相當悲觀。孫運璿則高唱經濟有排他因素，發展經濟則可屹立存活，驚醒朝野。孫氏睿智真是有其長官，必有其部屬，二氏相德益彰，國運昌隆，經濟居亞洲四小龍之冠，進世界已開發國家之林。前總統府資政高玉樹先生，在經國先生逝世多年後，以超然立場，曾誇口盛讚蔣經國對台灣偉大建設之貢獻。

　　蔣公委經國先生以國之大任，非為其子，是以行德至公也。即「外舉不避仇、內舉不避子」。〈呂氏春秋。去私篇〉有此傳述。

　　而蔣經國則不辱父命，拳拳服膺〈詩經。小雅〉云：「夙興夜寐、無忝爾所生。」

毛公篇

第一章

成長背景

第一節　誕生和家世淵源

　　毛公於一八九三年十二月二十六日（清光緒十九年癸巳十一月十九日辰時）生於湖南湖潭縣韶山沖（現屬湘潭市韶山區部山鄉）

　　民國三十年，由毛澤鈞主修，毛澤啟總纂之〈族譜〉西河堂活字印本，內封面鐫：版心上端原題「韶山毛氏族譜」，下端原題，「西河堂」，此譜書衣上鈐「震房龍號」印記，知此譜原震房毛玉堂領存，不知何故散出。

　　族譜創於清乾隆二年（一七三七），二修於光緒七年（一八八一），三修於宣統三年（一九一一）。此民國三十年之四修本，是在原三　本之基陡上，續增而成。

　　關於韶山毛氏始祖，淵源遵照老譜派接江西，在宋代毛氏是官家，有光祿大夫、國子監祭酒兼殿中侍御史，出守吉州。此譜認上述一此體面的先祖缺乏真憑實據。於是便奉「毛太華」為始祖。「太華」元至正年間，避亂由江西吉州龍城遷雲南潤滄衛。明洪武十三年庚申（一三八○）以軍功遷入楚省，後僑居湘鄉北門外絲紫橋十

餘年種韶山鐵陂、鳥塘、東塘等，共田四百餘畝，編為一甲民籍。
毛澤東之誕生現地，是其由曾祖父毛祖人，又名田端，因務農，始
來此。

父親毛貽昌，母文七妹有三子：長子毛澤東、次子毛澤民、三
子毛澤覃，世代務農，中產人家。

父親因農忙，需人理家，願毛不必徙鄉，外闖。但毛澤東生性
不順，違父命，鬧意氣，而要脅尋短。結果，父因慈而英雄氣短，
子勝縱放任由他去。

第二節　受教

毛澤東剛滿七歲，八歲還不到時，在家鄉韶山南岸讀私塾。光
緒二十八年（一九〇二）轉當地關公橋私塾。一九〇五年至一九〇
六年到韶山橋頭灣、鍾家灣私塾。後因父親種田，需要幫手，自這
年秋天起輟學在家務農。

自一九〇〇至一九〇六年，這六年的課程，讀的是《三字經》、
《論語》、《孟子》、和《詩經》等。他讀書認真、記性好，不只能
背誦，並且可寫出來。

課外，自選補助讀物如：《西遊記》、《三國志》、《精忠傳》、《隋
唐嘉話》、《永濟》、《紅樓夢》小說等。內中錯縱複雜之情節都很投
入嫻熟。毛澤東這六年之「孔夫子」立下了良好的國學基礎。

　　宣統二年（庚戌）一九一〇年秋至一九一一年春，進湖南湘鄉縣東山高等小學校，在教育制度上，這是所新式的學校，教授課程不再只是授經，還要授自然科學、數學、音樂、中外歷史、地理等。以及康梁之君主立憲，特別梁啟超高倡民主，革命運動特受啟發。而開始嶄露頭角，寫〈言志〉、〈救國圖存〉、〈宋襄公論〉等作文，深得老師和同學之讚賞。一九一一年春離開他的母校，晉入湖南省會長沙。

　　湖南長沙及湘北武昌兩地，是　國父繼羊城革命失敗後，成為革命聖地，反清革命志士，眾生芸芸。就長沙一地言，組織有華興會及同仇會。其人員志士多為學界和知識份子，以當時重要人物而居國父之仲者是黃興（黃克強）以及馬福益、劉擇一、陳天華、宋教仁、譚人鳳、章行嚴、劉道一、蕭堃、柳繼貞、胡瑛等、諸志士。

　　黃克強設明德學堂於長沙北門正街，聘有同盟會員張繼。翁鞏等為教員。華興會員先後加盟者高達五百餘人。同仇會是專門組織負責各機關間，以及幫會如哥老會、洪門會等聯絡和反清等之各項活動，綜之，不下十萬餘人，革命氣氛由省都彌漫全省。

　　毛澤東出鄉，而考入湘鄉駐省會省中學就讀，是投入革命懷抱。在此，一方面讀書，刻苦學習，另方面關心時事，並注視社會之動態。旋被孫中山為首及其革命黨人的反清救國的宣傳所吸引，而捲入革命的浪潮，即知道這裡有同盟會，且為同盟會《民立報》的熱心忠實讀者。報上的反清言論和革命偉大事跡，深受感動，和其他一些革命傳宣品後，毛澤東了解到孫中山和同盟會的革命綱領，則寫了一篇文章貼在學校的牆壁上，公開提出：推翻腐朽的滿

清王朝，組建民國新政府，把孫中山從日本請回來當新政府的總統，康有為當國務總理，梁啟超外交部長。這是青年毛澤東的第一次明快政見。

第三節　光芒四射

毛澤東六年「孔夫子」，有著深厚的國學基礎。就離開故鄉韶山。長沙，這裡是人文會萃，革命黨人聚集地，社會充滿著新氣象。武昌起義燦發，湖南首先響應。毛澤東當即準備衝去參與，惟湊巧因交通緣故，未克成行。便參加了湖南新軍，在軍中除一般軍務操練和個人所需外，有剩餘薪餉，全部訂閱省內外報紙，有暇就讀。有次在報端看到「社會主義」這個名詞，非常感興趣，便寫信同東山高小同學和朋友，互通談論。在軍中亦和士兵及班長等詳論和解讀報端之「社會主義」等這些攸關名詞，因而有被稱「秀才兵」之綽號。

當兵半年後，便退出新軍，決繼續讀書，企求得更高的學問，尋找新的出路。一九一二年，時毛年十九歲腦子充滿幹勁，但當尚未形成確切目標。要幹什麼？學什麼？就考入湖南警察學堂和肥皂製造學校。後又相繼考入法政、商業高職等校，曾一度想做一介「商業專家」，但其後又選了湖南全省高等中學，這所學校在當時是較好的學校之一，在這裡獲得不少新知，而又發展了個人某些特長。如他愛好文學，因此有許多老師特別喜歡他，有位國文老師還

主動供給他一部《御批歷代通鑒輯覽》。他還寫了不少文章。《商
鞅徙木立信論》是其中一篇。國文老師閱後,對毛澤東極為稱許,
讚譽「才氣過人,前途不可限量」。但由於課程有限,他對校規也
不怎麼喜歡,對整個校務了解後,認為還不如自學好,在該校六個
月便退學了。

　　一九一二年秋天,毛澤東離開第一高等中學,在湖南省圖書
館,開始過著自修的生活,而住在長沙城新安巷的湘鄉會館。湖
南圖書館創建於清朝末年,藏書量極為豐富。毛澤東在內讀了許
多反映十八、十九世紀西方資產階級民主主義思想和科學成就
的社會科學、自然科學之代表作如:達爾文的《物種起源》、亞
當、宏斯的《原富》、赫胥黎的《天演論》、孟德斯鳩的《法意》、
盧梭的《民約》、約翰・穆勒的《自由論》、斯賓塞爾的《群學肄
言》等以及世界地理、歷史、和希臘、羅馬的古典文藝作品。這
些書大多是西方資產階級民主主義的文化,同封建主義的文化是
對立的。毛澤東如飢似渴地在閱讀,並聯繫到社會實際問題,進
行比較分析,研究和思考,獲得了大量的新知識,受到了空前的
新啟示。

　　毛澤東在第一師範求學期間,正是滿清剛被覆滅,共和初立,
第一次世界大戰正酣。國內各派政治勢力紛爭。復辟興反復辟鬧爭
異常激烈,南北軍閥間混戰不已。毛澤東懷著救國救民的志向,特
關注中國和世界局勢的發展變化,天天閱報,雜誌,凡重要消息,
不論長短並作出筆記,寫上心得,裝訂成冊。正因如此,面對當時
複雜多變的局勢,一般人只在談論,而困惑不解,然毛澤東却弄得

很清楚，鞭辟入裏，並向同學、青年發表救國的演說，因此，被同學們譽為「時事通」。

　　毛澤東在湖南第一師範學校，除悉心學術研究，關心時事外，遂特別重視體格鍛煉，主張德育、智育、體育並重。「心力」與「體力」全面發展。他捉出主張是：「文明其精神，野蠻其體魄。」關於鍛煉體格的方法，他特別強調三點：第一，要有恒。第二，要有堅強精神。第三，運動方法，宜簡單易行。並主持開展各種全校性的體育活動，同時注意改善學校的衛生條件。他不單是重視體育的宣傳者，更是熱心的實行者。青年的毛澤東對鍛煉體格的重視，他當時就已認識到德育、智育、體育，全面發展到跨省界外區域至全國的重要。

第二章

實踐力行

第一節　反帝制

　　民國三年歐戰爆發，日本趁歐洲強國無力東顧，而圖謀中國，決心乘機得漁獲之利。積極要求參戰，終因有英日同盟關係，得以參戰。要德國立即撤出在遠東之海軍，並將全部膠州灣之租借地，包括青島，無條件的交付日本。中國方面為避免涉戰遭殃，宣布中立。袁世凱則劃濰縣以東為交戰地帶，但仍不能阻遏日本強烈之企圖心。並進而趁袁世凱稱帝之慾，向袁世凱提出企圖獨霸中國之野心。於是在民國四年五月七日（一九一五年）提出二十一條要求，並發出最後通牒。限四十八小時內簽覆簽訂。

　　袁世凱為了換取日本對復辟帝制之支持，竟於五月九日接受了日本除個別條款外的全部要求，而引起全國人民強烈的反對。當消息傳到湖南第一師範，全校師生，義憤填膺，立即展開反袁活動。毛澤東因生就有破舊布新之思想，更是怒不可止。除揭露日帝侵華和袁世凱賣國罪行，並到處傳宣並發表演說，且搜集証據，趕印成冊，在封面上印有「國恥日」，喚醒大家，何以復仇！

　　當反袁活動達到高潮，熟料，竟也有擁袁活動，則兩相鬥爭。毛澤東復更利用「船山學社」場所展開炙熱的反袁批鬥。袁世凱在大家和全國人民的壓力下，羞憤交加，於民國五年六月六日晨三時一命嗚乎！

第二節　倒軍閥

　　自遜清至民國初年間，國人常言打倒帝國主義，消除軍閥。所謂帝國主義，列強中以日本屬首惡，而消除軍閥是袁世凱死後之餘孽，蔓延至北伐。

　　攸關軍閥，我們不應以「等級」看待。其間惡性還是有相當之差異。如段祺瑞在就任臨時執政前夕，邀請孫中山北上商討國是。國父為二次革命後，有機會取得對國政發言權，應允北上，聲明主張對內召開國民會議，對外廢除不平等條約。段氏早在孫中山到達之前，就擬妥了對應策略，其一種是善後會議條例。旨在掩人耳目培植私人，國父聞之甚為不悅。既至相會，段氏對召開國民會議，敬謝不納。至廢除不平等條約，他率言已與各國外交團談好了條件，保証執政後，尊重不平等條約，換取各國之承認和支持。國父聞之，頓覺椎心之痛，致肝病復發，於三月十四日含恨壽終北京。

　　另是怪說曾張吒吒風雲一時的馮玉祥，於民國三十七年（一九四八）八月初乘俄輪「勝利號」由紐約到俄國參加共產黨組織活

動，至黑海敖德薩港附近，在船上觀賞電影，放映中不慎失火，馮玉祥同其女全遭焚斃日期是八月三十一日。事後中外報紙均發佈新聞，並謂馮玉祥是名的倒戈將軍，為人所不齒。可是生前有晉晤過周恩來，見人即傳謂：周恩來是光明磊落的好人，有正義、識大體，是位遠大的政治家。能在共產黨名人錄中佔有一席之地。

其他軍閥，也好不了那裡去，各為私利、互相勾心鬥角，五十步，笑百步而已。

若提起皖系軍閥張敬堯，民國七年被段祺瑞任為湖南督軍兼署湖南省長時作惡多端，罪行難書。湖南人民對之厭惡已極。遊行、示威、抗議無效。之前，張敬堯和袁世凱是主子關係，袁世凱亡，則拉攏張勳擁廢帝復辟，委為長江水師提督，後又奔吳佩孚，再入張宗昌。其反覆投靠，勝倒戈將軍馮玉祥，但無能如馮玉祥善潔其名。

逆事接二連三，看在毛澤東眼裡，如怒火在胸中燃燒，急得四處奔波，聯絡學界、新聞界、及有力人士，起而抵抗。

同時派友人至上海、廣州、衡陽、常德等地揭發張行，壯大聲勢，備以狙擊。更重要的是湖南各界焚燒日貨示威大會，張敬堯竟派兵鎮壓驅散。熟可忍而不可忍也，青年的毛澤東氣憤之餘：「湘人治湘」，「建立湖南共和國」。

民國九年一月十八日，毛澤東和羅宗翰、彭璜等人，決快郵代電形式，向天津、上海、北京等地知名人士和人民團體，全面展開揭露張敬堯禍湘罪深，法所不容。而在毛澤東聲討，撻伐中，終獲得湘籍元勳譚延闓，超恒惕、程潛等人士之脅辦，乃將軍閥逐出湖南。且吳佩孚之撤防與受逼亦為原因之一。

第三節　毛澤東北上

　　民國七年（一九一八）六月北大教授楊昌濟寫信給湖南第一師範學友會子弟毛澤東：得知蔡元培、吳玉章等正倡導青年到法國去勤工儉學。是（六）月下旬，毛澤東、何叔衡、蔡和森等十餘人聚會，集中討論新民學會會友如何向外發展。與會者均認留法運動很有必要。並決定先派蔡和森赴北京籌備。蔡到北京後，寫信給　毛澤東催盡快入北京。毛澤東於民國七年（一九一八）八月十九日首次來到北京，首要工作是同蔡和森等人從事赴法勤工儉學組織工作。請華法教育會領導人李石曾介紹情況，籌措旅費。

　　九月底，經楊昌濟介紹到李大釗所主持的北京大學圖書館，當助理員。在此工作，不僅解決了必須生活，還通過書報之管理吸收了更多之新知識。這裡同時也為他提供了一個學術、文化界有利客觀條件，因此也就認識了許多新文化運動著名人物如：傅斯年、羅家倫等，還與張國燾、陳公博、譚平山等人有交往。

　　除上情外，還參加鄧中夏等進步青年組織的北大平民教育講演團。並時常到北京大學旁聽，也加入了北大的哲學研究和新文化研究會。且以會友的名義向蔡元培、胡適等作報告及解答問題。在圖書館時閱讀李大釗的作品《庶民的勝利》等，宣傳俄國十月革命和馬克斯的文章。在李大釗的指導下，向馬克斯主義方面發展，同時也讀了一些無政府主義的小冊子，受影響至深且鉅。毛澤東乃於民國八年三月十二日離開北京，偕同一批準備赴法的青年前往上海，三月十七日在黃浦江碼頭給他們送行。毛澤東積極組織大批青年朋友出國，

自己却留在國內。對此，他曾解釋道：我覺得我們要有人到外國去，看些新東西，學些新道理，研究些有用的學問，帶回來改造我們的國家。同時也就有人留在本國，研究本國問題。我覺得關於自己的國家知道的太少，假使我把時間花費在本國，則對本國更為有利。

第四節「新社會生活」與「華蘭旗」

俗話說得好：兩座高山，永不相往，可是毛澤東的「新社會生活」偏就二百多年前法國社會學家傅立葉（Charles F.Oulier）之「華蘭旗」喜相逢。毛澤東在湖南省立第一師範學校求學時期，就曾夢想一種「新社會生活」，民國八年（一九一九）毛澤東即親身力行示範提倡，在農村種園，種田、種菜、畜牧、種桑、養雞等。而新村財產應公有，共同勞動，平均分配，人人平等，互助友愛。毛澤東則與他同學朋友就在長沙對岸岳麓山設工讀同志會，從事半工半讀。一面有學、一面工作，每天赤腳穿草鞋抬架，挑水，自己煮大米吃。說來，毛澤東的「新社會生活」實務，有類似於法國社會學家傅立葉的「華蘭旗」，但不雷同，其差異；華蘭旗社群不需要法官、警察、公安人員有點像烏托邦，而毛澤東的「新社會生活」實務是朝向馬克斯之共產主義方向發展。

在讀的方面，民國八年（一九一九）七月十四日，在湖南長沙創刊聯合學生會會刊，是五四時期進步之刊物。由毛澤東主編。該

刊辟有東西方大事評述，世界及湘江雜評等檔目。以宣傳最新思想，不受一切傳統和迷信的束縛，尋求真理為宗旨。文風新穎，筆調尖銳，通俗易懂為特點。毛澤東傾主要精力主編該刊，除了撰寫長篇論文「民眾的大聯合」連載於二、三、四期外，還為了國際、國內大事評述三十多篇。綜觀這些文章、其主要內容有：（一）熱情讚揚俄國十月社會主義革命的偉大勝利（二）無情揭露和抨擊帝國主義和封建主義（三）大力宣傳民眾大聯合改造國家和社會的方法（四）倡導破除迷信、解放思想、敢想、敢說、敢作、敢為的革命精神；該刊問世後，引起社會各方面的重視，銷路極暢。第一期二○○○份，不夠再印二○○○份，自第二期始每期印五○○○份。而湖南各地及武漢、廣州的青年學生和一部份中小學教員及社會延發人士爭相睹閱。上海、北京等地刊物發文高度的評價。

　　至於毛澤東所撰的〈民眾的大聯合〉一文，北京的《每週評論》、《又新日報》，上海的《時事新報》，副刊《學燈》，成都的《星期日》等都全文或摘要轉載。該刊因成功的暢銷，影響力大，印刷到第五期，即被軍閥查禁。

第三章

英雄、少女烽火成雙

第一節　毛澤東與楊開慧

　　楊開慧於一九○一年十一月六日生，是毛澤東恩師北大教授楊昌濟掌上明珠，出自名門：在民國九年，正是荳蔻年華十九歲的楊開慧，因自受父親之影響，對毛澤東就生孺慕。乃對這個浪漫、膽大，又什麼都不在乎的大帥哥毛澤東為繼室，毛澤東時年已是二十七歲了。

　　楊開慧長沙福湘女子中學畢業後，常在報章及校刊發表文章攻訐封建禮教和思想，遭到湖南當權者趙恆惕之通緝。楊開慧則帶著長子岸英、次子岸青為逃脫被緝捉，約在民國十三年時，常往返上海、廣州及長沙老家小吳門外清水塘二十二號匿藏，難得在此與毛澤東團聚了些日子。

　　中國國民黨於一九二四年亦就是民國十三年一月二十日在廣州廣東高等師範學校（現為中山大學）大禮堂開幕召開一全大會，各省及海外代表共到有一九八人，中山先生以總理資格任主席，首述大會宗旨：勗勉各代表同志共同協力建設國家。並指示胡漢民、汪兆鋒、林森、謝持、李大釗組織主席團。

　　毛澤東為湖南代表此次銜命前來廣州參加盛會，是舊地重演。因早在民國十二年（一九二三）六月，曾來這座南國名城，廣州永漢路太平沙望雲樓陳獨秀寓所參加過所召開中國共產黨第三次全國代表大會。所謂第三次是自一九二一年（民國十年）七月中國共產黨在上海創黨時起算。第一次是七月二十三日至是月三十一日。第二次是十二月中旬往桂林和國際共黨顧問馬林會談。而本三次會議到共產代表四十餘人。其會議中心議題是國共合作。而馬林首先傳達國際共黨之決議：要求中共須以個人名義參加國民黨，其資訊，當然是源自孫總理。其讚成與否？經大會表決，張國燾之反對落敗，毛澤東之積極參加獲勝。並同時選出中共中央五位執行委員是陳獨秀、毛澤東、羅章龍、譚平山和蔡和森，陳獨秀是委員長，毛澤東任中共中央秘書。所以這次，毛澤東銜命前來廣州參加中國國民黨一全大會，是「跨黨份子」，既是共產黨員，又是國民黨。

　　大會期間毛澤東之座位是三十九號。二十二日大會通過中國國民黨紀律案：凡黨員皆有服從黨內嚴格紀律之義務。當天，毛澤東等被大會主席孫中山先生指派為《中國國民黨章程草案》（詳情參傅啟學國父孫中山先生傳五百三十三至五百三十六頁）審查委員，廖仲愷亦為五位委員中之一。

　　會後從廣州到上海兼負兩層重要任務：一、以主要精力從事中共中央秘書工作。另一負責上海國民黨執行部決議案。毛澤東任中共中央組織部長時，為貫徹中共中央會議精神，代中共中央起草了一系列文件。而六月楊開慧攜毛岸英、次子毛岸青從長沙來上海和

毛相聚。十一月十七日國父受邀赴北京與軍閥討國事。毛澤東則趁機謁見孫中山先生陳述他對和談的意見，並呈送中國共產黨對時局之主張。民國十四年（一九二五）二月毛澤東偕妻兒自上海回到湖南故鄉韶山。春天，開始組織韶山秘密農民協會。「五卅」慘案後，以秘密農協為中心，在建立了雪恥會的基礎上，成立了湘潭西二區上七都雪恥會。六月建立了中共韶文山支部，毛福軒為支部書紀。同時還舉行了韶山第一批黨員入黨儀式，毛澤東監誓，其誓訓是：努力革命、階級鬥爭、服從組織、犧牲個人、嚴守秘密、永不叛黨。還在韶山建立了社會主義青年團組織與國民黨的基層組織。月底舉家為擺脫保守份子之追捕，未到廣州，在長沙逗留時，重遊了岳麓山，桔子洲頭。作了著名的《沁園春》。

到達廣州後，不久，即代行國民黨中央宣傳部長職務。在各部長第一百二十三次聯席會議上提出《中國國民之反奉戰爭宣傳大綱》。

民國十五年十一月，舉家離穗，毛澤東至上海，任中共中央農民運動委員會主任，楊開慧攜二子返長沙。十六年二月，由長沙至武昌會夫，四月四日、岸龍生。十二日，正逢國民黨「清黨」事起，政府下令通緝毛澤東，周恩來，譯平山等一百九十七人。八月一日，「南昌暴動」，同一天毛澤東和宋慶齡、鄧穎超、屈武等二十一人在南昌「民國日報」發表「中央委員會宣言」，七日，毛澤東至漢口出席中共「八七會議」，會後攜眷返長沙。九月，毛澤東策動「秋收暴動」。十一月，於失敗後退至井崗山，而楊開慧則避往長沙板倉外家，仍主持秘密活動。由是被迫仳離。於民國十七年十月楊開慧賦懷夫「偶感」五古一章：「天陰起朔風，濃寒入肌骨，念茲遠

行人，平波突起伏；足疾已否痊，寒衣是否備？孤眼誰愛護，是否亦凄苦？書信不可通，欲問無人語；恨無雙飛翮，飛去見此人；茲人不得見，惆悵無已時！」（此手稿於民國七十三年冬即一九八四年，長沙縣修繕板槍楊家老屋時，於牆縫中發現）。此時毛澤東正與江西永新女同志賀子珍並肩作戰鬥、打得火熱！有人話曰：祇見新人笑、不聞舊人哭。

民國十九年十月下旬，楊開慧與岸英及其保姆陳玉英在板倉同時被捕，（時岸英只九歲）隨母押往長沙，先後囚於長沙警備司令部，湖南省清鄉部，長沙師敬灣陸軍監獄署監獄；在十一月十四日下午一時，於長沙劉陽門外識字嶺刑場被何鍵槍決，終年三十歲。十二月，毛岸英、陳玉英獲釋出獄，冬，遺體葬於板倉故居附近之棉花坡上。（參酌六十八年十二月，湖南「人民出版社」以及「民國人物小傳第十一冊」等資料。

另附：一九七八年九月九日《人民日報》載；在國民黨「一全」大會後，到井崗山和賀子珍結識前與愛妻楊開慧仳離時，曾揮筆下一首情意綿綿的《賀新郎》，托出一顆赤誠之愛心：揮手從茲去，更那堪凄然相向，苦情重訴，眼角眉梢都似恨，熱淚欲零還住，知誤會前番書語，過眼滔滔雲共霧，算人間知已吾和汝，人有病，天知否？

今朝霜重東門路，照橫塘半天殘月，凄清如評，汽笛一聲腸已斷，從此天涯孤旅，憑割斷愁絲恨縷，要似崑崙崩絕壁，又恰像颶風掃樓宇，重比翼，和雲翥。

毛澤東真不愧，才、情橫生，博得詩界譽為情聖！

第二節　江青（李雲鶴）壓群枝

江青，本姓李，名雲鶴，又名淑蒙，藝名李鶴，藍萍，藍蘋，筆名勁松（此名語出毛澤東激賞江青才華句「暮色蒼茫看勁松」，山東、諸城人，民國三年（一九一四）生，也是生在諸城。家境清貧，高小時，康生（張宗可）曾為她的老師

毛澤東得此心愛，像在遊龍戲鳳，不知怎樣才夠意，於是今天給她改個名子，後天再加個藝名翻雲覆雨，浪漫不已。是否？毛澤東因有「六年孔夫子」意像山東為齊魯之邦，鄒魯之地也。近則山東、諸城有內閣大學生劉墉，文豪王統照，潤之先生衍之起鳳毛。

但為什麼說，雲鶴壓群枝，不說壓群芳呢？因江青之出身，來歷除羅婦不識字，是鄉下大姑娘外，前二位繼室都是出自名門，思想純正。優績分數比江青有過，而無不及。倘若問起毛澤東第一任老婆是誰？都千篇一律回答是楊開慧。何以羅氏婦人是毛澤東之髮妻竟如此之卑微無聞！因當時成婚羅氏是光緒十五年（一八八九－一九一〇），毛澤東是光緒十九年，論年齡羅氏比毛澤東大五歲，憑父母媒妁之言，方進洞房。可是毛澤東接受西方記者訪問時說；他並未合房。這點他非常讚許西方生活，應尊重男女雙方意願。尤其在當時成婚並無須具備民法親屬篇結婚之要件。因此，他們婚事、除父母及幾戶鄰近親友外，可說無人知曉。結果毛羅一門婚事，竟成一大秘辛。

　　至於楊開慧和毛澤東之繾綣戀情，已如描述，是因緣於楊昌濟之高足，號稱「楊門三傑」蕭瑜，蔡和森和毛澤東，而毛則是近水樓台，不再贅累。

　　第三任妻子賀子珍（一九一○－一九八四），本名自珍，小名桂圓，諢號石灰佬（寓好動造反），有人根據美國記者埃德加、斯諾「西行漫記」中譯本稱作賀自貞，後字不確。系江西永新人，清宣統二年八月十五日（一九一○年九月十八日生。祖父出身舉人，父曾任永福縣知縣，因案革職，改任師爺，因作保受牽連，被捕下獄，出獄後在禾川鎮開設「海天春」雜貨店，育二男二女。賀子珍自幼入永新縣福音堂小學。民國十四年三月十二日孫中山先生病逝北京，不顧校方反對，與同學參加在龍家祠舉行之孫中山先生之追悼大會，足徵倡導國共合作，改造社會，救國圖存在概念上，還是有微些差異，而顯諸於鄉野。同年加入「共青團」再入中國共產黨，次年即民國十五年奉命加入中國國民黨，是國共合作時期，如錦上添花，處處吃香，到處歡迎。肯為革命宣傳勳力，甚至賣命。

　　民國十七年六月與毛澤東算是結婚，不是野合，算是巧合。原因民國十六年四月，中國國民黨「清黨」，賀家全家遭抄。「六九事件」起，工農赤衛隊全被繳械。賀子珍腰跨大刀，肩背長槍，草莽式的奔來井崗山。九月，毛澤東在長沙策動「秋收暴動」失敗，已退此，成立「湘贛邊區土農政府」。所謂湘贛邊區，是湘東和贛西毗連地帶，這個區塊經濟落後，極端貧困，人民強悍。但姑娘個個活潑漂亮，尤其是賀子珍。一到夕陽西下傍晚，男女都習慣到溪澗

泡水，不是浣紗，而是作樂，男女界限，幾乎降到零度。毛澤東這個革命家，居此盛事，獵艷心強，渲洩超人。毛澤東在「紅四軍幹部學校」講述封建及分析社會主義，賀子珍　帶著武器在課堂上，時因興奮發出尖銳而火辣問題贏得毛澤東之青睞。

戲之，毛澤東來砲打井崗山，而井崗山之水，豐富了毛潤之。自此懇談親暱，心心相印。賀子珍成為毛澤東的機要秘書，謄寫文稿，保管文書，兼服沏茶、弄烟，有時殺雞送酒。毛澤東則留她晚餐宵夜。天亮、日上三竿，毛澤東對大家說；我和賀子珍是最親密的戰友，也是革命同志，我們有愛了。

井崗山，這共產黨的老巢，幾經國民黨軍掃蕩，殘酷圍剿，是銅牆鐵壁槍砲不入，即進也是草木皆兵，非但無效，反倒有被吞噬之危機。

民國二十年十一月，第一次「全國蘇維挨代表大會」在瑞金（仍是江西井崗山邊區）舉行，成立「中華蘇維埃共和國中央政府」，改瑞金為瑞京，號稱「首都」，毛澤東任「政府主席」。時，賀子珍就在當地，耕別墅醫院（又名福音醫院）分娩。其後曾育有三男三女，但　李敏長大成人。而賀子珍則一反過去女響馬，草莽英雄個性，成賢妻良母型。

民國二十三年十月，國民政府軍隊對蘇維埃政府展開大歸模圍剿，蘇維埃政府，企圖反圍剿，終不抵政府力量而遭受嚴重挫敗，不得不開始向西流竄（長征）

行至貴州盤縣，賀子珍被飛機霰彈片炸個遍體鱗傷。當時無處尋醫。而毛澤東一向愛妻如己，說；不管怎樣難苦，就是拖著，抬

著，甚至揹著，也要達到目的地。後幾經千辛萬苦，而曲折輾轉終來到陝北互窯堡（後向南遷延安）。

　　民國二十五年六月，中共創立「中國抗日紅軍大學」，二十六年一月則遷校延安易名為「中國人民抗日軍事政治學校」以上兩名皆簡稱「抗大」。由毛澤東兼「抗大」教育委員會主席，林彪任校長，賀子珍則抱病入第一期高級班學習。

　　民國二十六年七月七日，日本發動全面侵華，全國軍民同胞，青年風起雲湧其中多人奔來延安，江青這個上海大明星，便是其中之一，十月延安成立「魯迅藝術學院」院長是她小學的老師康生，江青是魯藝學院的學生，旋是教員，因江青曾是山東實驗藝術專科學校趙大侔之高足，演京劇、話劇。並在山東大學任過圖書管理員，有閒跟趙大侔及梁實秋修習西洋文學。在青島時，由俞啟威介紹，加入中國共產黨，俞啟威被捕，後由俞大維（曾任國防部長）保釋出獄，而後倆人失去聯繫，江青則隻身前往上海投身演藝界。在上海兆豐公園與共青人員秘密聯絡時被捕；為求釋出，在獄中填為「自首書」堅決表示：「我僅是共青團，未參加共產黨，並認共產主義不適合於中國，以後也決不參共產黨」，後由上海基督教女青年會保出。

　　江青在來延安前，曾演過無數影劇，而洋片子不但有美國還有俄羅斯，甚有東方日本，江青在每片之角色，都表演的淋漓盡致。影劇是綜藝術。此非供給江青提供了表演之舞台，也塑造了江青閨中肆外，多樣性角色之性格。惟一般大眾知的是江青演的「王老五」，因第一次任女主角飾演窮漢王老五的妻子。提起來微有譏意。

因之，江青來「魯迅藝術學院」，聆聽毛澤東之授課，論背景，出身，可謂有些惺惺相惜，靈犀相通。江青明知毛賀關係，偏乘虛千方百計接近毛澤東，終演成橫刀奪愛，先同居，再成眷屬。時，毛澤東年四十七，江青二十六歲，成為毛澤東第四任妻子，江青亦幾男人過手，終奪得了第一夫之頭銜。這說明，井崗山之紅女，雙槍響馬，抵不過上海洋場之共諜。這証實馬克斯之「經濟決定論」並沒有破綻，而是「唯物史觀」出了長裂縫。

毛澤東與賀子珍雖有十年恩愛夫妻，已付諸流水。現經毛澤東准許跟進一批病人，被發落西出嘉峪關，經迪化，一路坎坷終於民國二十七年一月抵達莫斯科，而首先進入東方大學修習俄共黨史，經濟、政治、哲學、及有關世界革命等課程。餘暇靠點針線過活，潦倒、緊張。毛澤東為恐她寂寞，托由延安回國之蘇聯人將幾歲大之嬌嬌（李敏）帶到蘇聯，可母女相依陪伴。

一九四一年（民國三十年）六月德蘇戰爭爆發。蘇聯全國進入艱苦，生活現況極差。適李敏又患肺炎，使賀子珍精神遭受更大的刺激。國際兒童保育的院長，因肺炎具高危險傳染性。堅持要把李敏送進醫院，賀子珍恐怕失去女兒，死也不肯，跟院長吵也起來，加之，剛學會的幾句半生不熟的俄文，火上加油。觸怒了兇悍的院長，憤怒之餘，直指賀子珍精神有問題，必需送醫院，結果一關就是幾年。時，適林彪、王明（陳紹禹）因公在莫斯科而無緣的，還是否是為討好江青、刻意的誣指賀子珍有精神病。在認知上，院方加重了對賀子珍之對待。一囚瘋人院又是幾年。賀子珍形驚恐悸餘，直呼江青是（妖婆）。毛澤東之新人對舊人，真個是淫威沖天。而延安各界私下都認為毛澤東是現代「陳世美」。

　　民國三十五年五月，中共中央候補委員王稼祥由妻子胡仲麗陪同，前往莫斯科醫病，兼代中俄共間公務連絡。抵達俄京後，因關懷賀子珍是「瘋人」之說，胡仲麗以醫生身分曾要求院方與賀子珍見面談談，院方未使拒絕。帶來相互交談、舉止言語、詳實相當正常。何以會當成「瘋子」，因每次見面爭吵，屢次誤解，累集誣成「瘋子」

　　民國三十六年五月，因賀事全已冰消。由王稼祥夫婦保釋，而同歸，由莫斯科乘火車經哈爾濱回國。獨賀子珍留居瀋陽。三十八年移居解放後之天津。十月中共政權成立「中華人民共和國」，江青因理虧心虛，不准賀子珍踏入北京一步。民國四十六年，賀子珍得友人透露，毛澤東現正在盧山而江青不在，和毛澤東有過一次激憤而壓抑之會面。賀子珍發現有女人在照顧他，事情瞭然如胸，只問你的腳趾還痛嗎？毛回答妳生活怎麼？倆人儼同路人。斯時，江青之小學恩師康生密知，賀子珍已來盧山，江青則匆匆回巢。賀子珍為避免事情尷尬，旋即和毛澤東自此落寞仳離。一九七六年，即民國六十五年九月九日，毛澤東年八十四歲病逝於北京。病重時李敏獲准至中南海見父親，毛問女兒妳為什麼不來看我，女兒回話「有人不准我來看你」，毛大怒！「來留在我身邊，我保護妳……」

　　十月「四人幫」被捕，賀子珍完全恢復自由。六十八年，獲得批准，得進入北京，由「長征」老戰友朱德妻康克清等親往機場迎接。九月十八日，乘輪椅至「毛澤東紀念堂」瞻仰遺容，獻上一花圈於大廳毛澤東巨型坐像之下，上書：「永遠繼承您的革命遺志！

戰友賀子珍率女兒李敏、女婿孔令華敬獻。」在靈前佇立良久，心中似還有個江青驚魂未定。

　　民國七十三年四月十九日下午五時十七分，賀子珍在上海「華東醫院」去世，享年七十五歲。在上海龍華「革命公墓」大廳舉行告別式，而大廳兩側，放有鄧小平、胡耀邦、陳雲、鄧穎超等人致送之花圈，下午，即遺體火化，移存於北京市郊八寶山長眠於「革命公墓」。

第四章
毛澤東要走自己的路

第一節　蒙孫中山之庇蔭

　　民國十三年（一九二四）一月二十日，孫中山在廣州召開國民黨第一次會國代表大會，時，毛澤東以不到三十歲之年齡，跨國、共兩黨代表湖南參加是項盛會。孫中山即看上這位來自湖南的青年。並責由起草中國國民黨之黨產之審查委員。且指定代理中國國民宣傳部長職務。直到孫中山北上去世，由孫先生所交付之任務，毛仍奉行不渝。

　　孫中山先生之「聯俄容共」政策，宋慶齡應算是瞭解其中之真意者，因此對毛澤東之所言所為，都是一路相挺，尤其攸關重大事故，凡遭非難，則發表重要談話、力排眾議。

第二節　日落西山

　　「西山會議」距國父孫中山先生，民國十四年三月十二日去世，不過半年。在屍骨未寒，極石派主角，林森、鄧魯、謝持、張

繼。尚有中央執行委員居正、覃振、石青陽、石瑛、葉楚傖、沈定一，邵元沖和傅汝霖等。急於召開會議，中心議題，是反共、反蘇。即要「解決國民黨內共產份子」。會議還通過了一列系公然反對孫中山三大政策的決議；所謂「三大政策」即聯俄，容共、扶助農工的簡稱。是適合於世界潮流，合手人群之需要之革命政策。當時革除的有中央執行委員共產派譚平山等，解雇俄國顧問鮑羅延而對俄國之態度。又公開發表反共言論，私告人民書。因是項會議，是北京西山碧雲寺舉行而得名。宋慶齡對此西山會議派之倒行逆施，表示極度的義憤，即通電譴責其分裂國民黨的活動，並指出「總理泉下有知，亦當痛苦」。民國十五年一月、宋以國民黨「二大」主席團成員身分參加大會領導工作，力促會議通過彈劾西山會決議之議案。貢獻了無比的力量。西山會議後，民國十六年四月十二日，蔣介石竟在上海發動反革命政變，實行《清黨》大肆捕殺共黨份子和工農大眾。

茲因蔣介石和西山會議派文武合流，造成嚴重的分裂國民黨，是打出了日落西山，一面黑旗。宋慶齡誓言，決與西山派分子，為了革命繼續奮鬥到底。

第三節　痛下決心，反璞歸真

俗云：將相本無種、男兒當自強。是關基因學。毛澤東家人世代務農，生下來，就是一位農民戰士。民國十三年一月，參加中山

先生在廣州召開之中國國民黨第一次全國代表大會,就贏得中山先生之青睞及關愛。直到去世尚泳浴在大愛中。可是國民黨極右派份子,在中山先生屍骨未寒之際,就要消除共產份子,尤其蔣介石緊跟毛澤東在後窮追不放。

自此,毛澤東在政治思路,有一百八十度之轉折。於是民國十六年八月七日,毛澤東在出席漢口中共中央召開之緊急會議上,發表要言,痛下決心,要大家須知軍事,因「槍桿子出政權」。「我們以後不應再國民黨的旗子了。因為國民黨的旗子,已成軍閥旗子,只有共產黨的旗子,才是人民的旗子」。同時,毫不保留的表示,「我要跟綠林交朋友,我定上山下湖,在山湖之中跟綠林建友情」這是毛澤東的書白。

第四節 遵義會議

由井崗山這個共產黨老窩,也可說是香巢,敗陣下來,在倉皇中,於民國二十四(一九三五)年一月,十五至十七日在貴州遵義召開緊急檢討會議。凡參加者,都是志同道合之原骨幹政治人,均自認為是一革命政黨,負有改造社會之使命。在逃來此前,曾在群山峻嶺環抱,層巒疊嶂之壁壘中,建立中華聯維埃聯共和國中央政府,環顧周遭、固若金湯,誰能奈何得了共產黨。

中華蘇維埃中央政府,組織中各成員,生時個個都是共產黨人,對組織發展有術,而其組織之存在及未來極具崇高價值。且有無限發展潛能。或許就像十八世紀,德儒唯心大師康德(Immanul Kant 1724～1804)所言:任何物皆有「自然能量」(Natural Capacity)。譬如一粒桃核初視之與他物無關,亦無若何神奇。但埋於地下,將發芽苗壯成樹,則結果纍纍。推知任何物之自然能量,

終必完成其存在，本來發展之目的。惟人和物不同，人有理性、理性應屬自然能量。但如要充分發揮其自然能量，那必須要在廣大的群眾中、活動之展現。共產黨人，要在不久之將來，要改變或要徹底改造這個社會，也是人民之期待，不過就要端視你們未來事實之展現。

　　會中大家發言踴躍，情緒沸騰，而直言不諱。毛澤東則漫聲發表長篇大論，首先坦承紅軍對「圍剿」失利表示歉意，展現大度而傲人。繼則捉出北進路線。周恩來則支持此一主張正確，同時批判張國燾南下政策是錯誤、並嚴厲的譴責張國燾拉攏陳昌浩背判中央，支持以後者有朱德、王稼祥、李富春、聶榮臻等。葉劍英得此張國燾密謀，曾密電毛澤東。緊接著毛澤東義正嚴詞的發表對張國燾的右傾逃跑行為和對紅軍團結的破壞活動提出了嚴厲的批評和責難。但為懷柔按撫陳昌浩延為政治委員兼紅軍總政治部主任，脫離張國燾。並指張國燾被軍閥俘虜後，隱瞞內情，對黨不誠不忠。張國燾雖係民國十年十三創黨人之一，又是北大畢業。自視甚高，只因善變，有如國民黨之汪精衛，想另立中央。結果，自此中央失勢了他，搞得個落寞，無聞了！

　　遵義會議中，還有一股不可小覷「左傾」教條主義的力量和主流派抗衡者。其首腦人物是王明（陳紹禹），俗稱國際共產派，屬此派人物尚有博古（秦邦憲）。他們聽命於莫斯科，實際是史太林。致使意見分歧，中共中央紅軍未能粉碎敵人之第五次「圍剿」，被迫不得不實行戰略轉移。同時受批判者除王明，博古外，尚有李德等人。雖他們對受批，提出說明和反駁，終因不合實情，而靠邊站。

這足証毛澤東之一貫主張，精於盤算而個性倔強，致群首折服。在
這遵義擴大會議上，當選為中共中央政治局主席，確定了他的領袖
地位。所以當時，在蔣介石政府時代宣傳毛澤東是史太林之兒皇帝
或石敬塘，事情兩相對照，此點則判若雲泥。筆者都關於此點向後
還會提出論証。

第五章
西安「兵諫」始末──絕非朝夕之變

第一節　導火線算是汪精衛！

　　震撼中外，關係中國命運的西安「兵諫」。一般均認為由於蔣介石之「安內攘外」政策，而張學良感情用事所造成。所謂之一般則是官僚、政客，黨棍子因意識型態致事情不克真現而有些離軌。

　　實際，還有些為大家所忽漏之處，不得不列舉說明。但攸關西安事變之過程，筆者已在第二篇第八章已依據各方資料及論點而語予評論。至本文之西安「兵諫」，絕不是前篇之增補，而係軼事之重述：

　　民國廿四年（一九三五）七月南京國民政府主席汪精衛受日本外相廣田弘毅之約，言中日兩相互尊重，達成三原則（一）承認滿洲國之既成事實（二）中國取締抗日運動及抵制日貨（三）中日雙方合力防共。（據日本記者松本一男所敘）

　　民國廿五年一月廿一日國民政府外交部聲明對日本外相廣田弘敦外華所提三原則不予同意。（據中華民國中外歷代大事年表記載）。時，外交部長是張群，實權人物是委員長蔣中正。信、汪精衛之作法，事先合其意，則默認之。

　　上述同一國政府，對外務大事，竟杆格，自相矛盾，造成日本得寸進尺，正蠶食或日後大膽侵略中國，不是無緣的。一國政府對事先說 yes 再說 no。讓日本看透你們不是狼狽為奸，就是舟中敵國，皆係一丘之貉。何會如此，汪精衛自始就認為敵強我弱，日勢不可擋，骨髓子裡，就倡中日提攜，名之曰「曲線救國」論。

　　至蔣介石之「綏靖」政策，是大家有目共睹，如民廿二年之「塘沽協定」，並為此發表了演說；和平未至絕望，決不放棄和平。以抱定最後犧牲之決心，而為和平最大之努力，期達奠定國家民族復興之目的，深信此必為本黨救國建國唯一之大方針。

　　再如，民國二十年，日人製造萬寶山慘案，又於九月十八日夜襲瀋陽致東北淪陷。張學良因事先被蔣介石「醍醐灌頂」，分析日我兩國軍力相差懸殊，不能正面衝突。張學良聆之百依百順。當屬下榮臻告知在北平之張學良關於東北事件，他正在酣睡不理，也有人說他正在與趙一荻（藝名蝴蝶）共舞。東北人自是流離失所，啼饑嚎寒，張學良被喻為「不抵抗將軍」綽號，可有托詞！

第二節　由尊蔣・崇蔣最後變成反蔣，倒蔣而叛蔣

　　民國二十二年（一九三三），張學良訪問歐洲英、法、德、義諸國。曾會晤墨索里尼女婿齊亞諾夫婦（曾任駐華大使）尋求挽救

中國之道，告以要強國須實行法西斯主義。方可奪回日本侵佔中國之領土。當年希特勒取得政權，就好像一課慧星之出現，根本就沒有把英法這兩個強國放在眼裡，便是通例。張學良得此言，尤其在屢遭挫敗之餘，則懷其寶返國，奉蔣介石之武力統一中國，為我們的真領袖，是五體拋地。（攸關張學良為強國必須實行法西斯主義。民國二十五年四月九日夜張學良在延安與周恩來相會時有此主張，是民廿二年訪問義大利墨索里尼女婿齊亞諾思維之重現。周恩來當即回應，在政治上，沒有民意基礎。此事，國家圖書館，有周恩來之紀錄全佐証。筆者也有在本書第二篇和二十六頁有提及。）

張學良訪歐回國後，軍事委員會即發表為河南、安微、湖北三省之剿匪副總司令屯武漢。到任焦點任務，視察華中最高學府武漢大學。甫進校門，迎面未見人影一個，心覺怪異。及走近學生宿全區，赫然發現窗上掛滿標語，學生並高喊：反對軟弱外交，反對不抵抗主義。反對國賊蔣介石，反對蔣介石走狗滾出去。去見鬼吧！後見到該校王校長笑說：他們是學生，校方也無可奈何！

張學良是鬍匪的兒子，少爺將軍、富情義、君子人也，見此異狀，是「天人交戰」，心中矛盾油然而生，那知湖北，湖南共產黨人居多，自古以來就是造反或謂革命聖地。

民國廿五年六月，蔣公在四川峨嵋召見張學良，當即向蔣提出辭職及再度出國。蔣公告以漢卿年紀不小了，以後請不要直提辭職或出國了。

九月以西北剿匪總司令開往西安，與紅軍接戰連戰階北，其精銳部隊挫傷約改三分之一，蔣公亦不予補充。

　　此際，有些軍閥，政客趁火打劫，籲國人團結一致抗日，槍口對外，此派馮玉祥是代表人物。實假抗日，真反蔣。還有從北平剛來西安的一批東北籍愛國文化人士。如：王卓然、閻寶航、高崇民、王化一、車向忱（此人在莫斯科東方勞動大學與鄧小平及馮玉祥女兒同班同學）。和一些青年軍官苗劍秋、應德田、孫銘九（是西安事變捉蔣者）。

　　張學良由於多方輿論之壓力及軍閥政客之攪亂和年青軍官們之建言主張，乃扭轉了他天生優柔寡斷的觀念，而實施鐵腕「捉蔣兵諫」。

第三節　　宋慶齡救蔣

　　十二月十二日，雙十二西安「兵諫」爆發，張學良立即致中共中央，希望得到中共的意見。毛澤東復張學良電、周恩來挺來兄處協商大計。十三日毛澤東在中共大會上發表感言，西安「兵諫」是具革命意義，我們絕對擁護，我們是救國大會，在意義上：第一是抗日、第二是反蔣。在軍事不安把反蔣與抗日並列。當天中午，毛澤東、周恩來再電張學良、恩來擬來西安，請派飛機來延安接人。周恩來乘張學良飛機抵達西安後，即與張學良、楊虎城、宋子文展開會議，先經折衝相互寬容，停止內戰，團結一致抗日，能和平落幕。

　　十二月十四日深夜，在保安小鎮（今志丹縣）距延安西北約百公里處。忽收到莫斯科，第三國際一紙訓令：希望中共中央和平方式，解決西安事變。據美記者坂德加、斯諾云：該電報由宋慶齡轉致中共中央，案經討論後，分為兩派；「主和派一自主派，還另外有些意見，蔣介石之釋放，全由張學良、楊虎城決定，任何人不得參與意見或干涉。所謂之自主派，即是毛澤東個人主張，蔣介石應人民公審。據蔣介石日記《西安半月記》，內心最怕的就是這種，以當時客觀情況，會遭到槍斃。果如是，他是掉到黃河洗不清，槍聲會永隨青史轉。最後事情有了轉折，毛澤東沒有堅持硬到底，是礙於國母宋慶齡之情誼。若還有人說，毛澤東是史太林之鬼皇帝，是與否？再徵一章。

第六章

毛澤東的政治觀及武術

第一節　沁春園・雪

　　一般評判毛澤東是唯物史觀者，觀此文恰是心學：是政治先驗論，赤裸裸的暴露出帝王思想，擴漫已極。如果說他是事情之「先知」未免浮誇，言者之不知。

　　今抄錄「雪」之全文如后：謹供大家參贊。

　　　北國風光，千里冰封，

　　　萬里雪飄，望長城內外，

　　　惟餘莽奔，大河上下，

　　　頓失滔滔，山舞銀蛇，

　　　原馳蠟象，欲與天公試比高，

　　　須晴日，看紅裝素裏，

　　　分外妖嬌。江山如此多嬌，

　　　引無數英雄競折腰，惜秦皇漢武，

　　　略輸文采，唐宗宋祖，

稍遜風騷，一代天驕，

成吉思汗，只識彎弓射大雕。

俱往矣，數風流人物，

還看今朝。

註：原指高原即秦晉高原。

第二節　毛澤東的武術（藝），
　　　　　蔣介石的戰術（略）

　　毛澤東自井崗山，播來延安至今足足十年（自民國廿四底，至今三十六年初）。十年期間世事變化風雲莫測，曾歷征長征或流竄，由土匪、毛賊，而因抗日團結一致對外，民國二十六年八月廿五日，經國民政府將紅軍三萬多人整編為國民革命軍之番號八路軍，名正朔。

　　抗戰勝利後，毛和蔣平起併坐，商計國家大政，表面上侈言愛國，私底下實，各懷鬼胎。蔣視毛為土匪，毛視蔣是國賊。

　　事經八年浴血抗戰，於民國三十四年終於勝利了，國土重光，河山應予再造。國民政府蔣主席願捐棄政治成見，籲各黨各派社團，及社會賢達名流，廣納各方意見，召開國民大會，參加制憲。國家正常化，軍隊國家化，還政於民。民國三十六年一月十八日前先對中共宣示重啟和談，並派張治中至延安探底。張治中儀表風範破實是談判之能手，但不若馮玉祥之善變，是蔣公之愛將，其晉京

回報也是含混其詞。民社黨即對和談發表意見；雙方必須實行還軍於國，政治還政於民，和談關鍵始可迎刃而解。

　　一月廿一日政府又公布恢復和談方案，深盼中共相忍為國，捐除成見繼續協商。美大使司徒雷登發表意見籲雙方上談判桌，國民政府應先讓步。蘇俄大使館與記者會意見居中祖左，私底下最好有兩個中國。

　　民社黨張君勱也是憲法起草人之一，蔣勻田、青年黨曾琦、左舜生，均亦發表其本黨之主張。關於憲法第二章攸關人民之自由權利，必須提早實施，否則對於言論出版，集會結社之自由，倘不能合法保障，對於改組前　自不免多所障礙。並將和談談新方案已轉交中共。毛澤東認為一切議題，均肇因於蔣介石的策動，可謂寡人一怒，天下懼，所謂之和談，根本是「騙局」，拒絕參加任何形式之會議。民盟方面直接了當乾脆我們成立「聯合政府」。

　　上述充分條件完成後，蔣主席出征有名，這次打伐決不再像第五次圍剿讓其免脫，遂令愛將胡宗南第一流之軍隊，其骨幹皆係黃埔軍人，裝備新穎，訴諸最必要之軍事行動。

第三節　短兵交鋒

　　臨陣前，蔣主席身著戰裝，容光煥發，一尊肅穆之氣；從容不迫，指著兵要地圖，穩操勝算，料毛澤東插上翅子也飛不出去，胡

宗南在旁軍服筆挺，精神飽滿，唯命是從。那廂毛澤東周圍每人身
著破襖，一身蝨子美國女記者（維克珊·維林克，訪問江青時這麼
說：我與主席的大炕有臭蟲）一幅牛頭馬面，中間坐著一位山岩大
王——毛澤東嬉笑如常，漫不在乎，自始就不把蔣放在眼裡，像胡
宗南這等角色，則輕之如狗。

　　毛澤東平常料事如神，但此時此刻，私下還有人會無法窺測他
的秘辛，因此就在胡宗南二十五萬大軍，於民國三十六年一月十八
日發動總攻擊之前，佯裝主動向延安南面出擊。遂被擊退。

　　國軍也趁機展開總攻擊，先是以美梭援 B-29 型飛機五十多
架，做地毯式轟炸，造成延安地區殘破不堪，地面部隊緊接火力橫
掃猛攻，封縮包抄。遂在一月十九日上午十時攻克延安，結果，進
入人物皆空，陷入鬼城。

　　胡宗南部隊攻入城前，毛澤東預將彭德懷二萬多部隊調離延安
近郊好埋伏截擊，也不抽調其他部隊來增梭，免有騷動。並令撤人
員，及城內居民，將糧食，家中物品，甚炊具均掩埋無痕。毛澤東
自己在最後，還嬉笑如常，像不欲撤離，而是由安全人員推上美國
吉普，上坐著有周恩來和江青，拖　一架擴播電台，對內向胡宗南
部隊中連絡共產臥底份子。對外向莫斯科通電，史太林知其事情之
嚴重擬派飛營救，毛澤東謝絕，而時身邊有八百餘人，堅頑戰到底。
現先轉戰到延安東北一百多公里處青化砭稍事休息。即與胡宗南精
銳部隊在秦晉黃土高原，展開彼此追逐，因就像走馬燈式的，胡南
緊追殺在後，毛澤東緊跑在前，實際在互相廝殺，結果，毛澤東在
胡宗南一前敵補給站蟠龍，儲存物資約夠五萬人半年之用，被毛澤

東所掠奪。好似孔明東風借箭,又像諸葛設計却司馬懿。結果此一役也,胡宗南損兵折將,真個不貲。

　　據筆者評估,像羅馬史:皮洛士(Pyrrhus),以紀元前二百八十年,與羅馬將軍勒味拉斯戰於赫拉克利阿・皮洛士雖勝,但損失慘重。至今英語中尚有「皮洛士勝利,Pyrrhus Victory」之譏語。

第七章

進城西柏坡，登基為王

第一節　進城前

　　延安戰役雖是敗陣，反倒掠得胡宗南些補給物資，得曲折迂迴，終於民國三十八年三月五播遷至西柏坡（該處距北平西南在河北與山西交界地）。十三日在此地落腳並召開七屆二中全會，決定進城因應措施及取向：把鄉村城市間生產作調適性的發展。同時，國民黨雖敗出北平，市內潛在無形之力量，尚不可忽視，並獲有蘇俄政治局高級顧問米高楊供給情資。二十三日毛澤東率中共中央機構離西柏坡，進城時告訴周恩來說：今天我們是進京「趕考」，我們決不做李自成，我們希望有考好的成績。

　　廿四日，復電國民黨海軍「重慶號」艦長鄧兆祥並全體官兵，對於二月二十五日之起義表示嘉勉。二十五日在聽取葉劍英北平解放後情況會報後，決定在西苑機場檢閱部隊，舉行入威儼性的進城儀式。

　　四月上旬為爭取使和談取得成果、先由周恩來在香山分別約見南京各代表談話，對各項問題交換意見。及協同各民主黨派領袖如李濟深等十人共同發表聲明；反對美、英、法、義、荷、比、挪、

丹、冰、加、盧森堡、葡等十二國政府簽署北大西洋公約。此公約形成了東方嚴峻之對立，同時也顯示中、蘇友誼之堅貞。作法上，對內毛澤東會周恩來赴六國飯店看望張治中，奉勸他與代表團成員，不要再回南京。並復由李宗仁　實現八項原則，是否有利於用和平方法解決國內間為標準。中共已準備採取寬大的政策。

可是私底下，中共在緊鑼密鼓的採多管齊下，首先毛澤東率劉少奇、周恩來、朱德、任弼時、林伯渠、董必武等接見宴請第四野戰軍師以上幹部，歡送他們「打過長江去」，解放全中國。並與周恩來聯名寫信給宋慶齡：新政府會議將北平召開，中國人民革命歷盡艱辛，中山先生遺志迄今始告實現，至祈先生大駕北來，參加此一人民歷史偉大的事業，並對於如何建設新中國予以指導。八月廿八日，和朱德、周恩來到北平火車站迎接從上海抵達北平的宋慶齡先生。九月七日則偕同朱德和周恩來迎接自湖南到達北平的湖南省軍政委員會主任程潛先生。九月廿三日設宴招待程潛、張治中、傅作義等廿六名前國民起義將領。九月廿五日周恩來約請各方人士郭沫若、沈雁冰等十八人開會，協商確定國旗、國歌等問題

第二節　王侯敗寇一念間

毛澤東早在延安戰役，以鬼谷子之法術掠得豐富成果以前。就在西北大草原上和江青有如青梅竹馬般的恩愛，彼此習得了騎馬

術。又由美國女記者史沫特萊教會了一手，有益於心身健康之社交
舞。因史沫特萊與毛澤東之家庭背景有些相似，比起其她記者相
隨，顯得格外觀切。

　　民國三十八年率馬隊浩浩蕩蕩進北京香山時，氣勢軒昂有如用
武王受萬民愛戴，御駕臨城。籲民各守崗位迎接勝利。迨九月二十
九日，因周恩來、李立三、郭沫若，李濟深、沈鈞儒、陳叔通、黃
炎培在中南海頤年堂會商修改毛澤起草的就職公告稿，使毛澤東於
三十日當選為中華人民共和國，中央人民政府主席。翌日十月一
日，中華人民共和國開國大典，毛主席態度丕變，忽告訴江青，謝
絕見客，因我一見到陌生人就發抖。頃間有老友劉先生來訪，問起
主席病情為何，江青即招待水果，說沒有什麼，毛主席即出現，我
是說怕陌生人。且在大典數週前劉少奇已往莫斯科取經，攸關大典
運作之事宜，在莫期間史太林與劉少奇相晤有六次，相親密逾常，
因劉少奇是中國政要，包括國民黨，唯一見到列寧的人。蔣總統介
石先生，曾在民國十二年以國父中山先生特使之身分訪問蘇俄，該
國舉國朝野上下迎之如座上賓，唯一沒有相時的是列寧，因列寧病
多不能語言，事後證明不到三個月就去世了。

　　劉少奇去莫斯科取經，真有成果，蘇俄即派掃雷部隊到中南
海及毛澤東所到處密集搜掃，而他自己的警衛人員亦到每個角落
嚴予監視，蘇俄連絡人員，不解其個中道理，其毛澤東之安全森
禁，遠起史太林及希特勒（張戎與喬・哈利迪合著之「毛澤東傳」
有此記載）。並云：十月一日大典那天只見毛澤東在閱兵樓台上晃
來晃去，念稿子，毫無新穎之處，沒有搞鬥爭，設圈套那麼嫻習。

而台前萬民高呼毛主席萬歲，萬萬歲，毛澤東則高呼人民萬歲！
散會。

第三節　韓戰的爆發

　　一九五〇年，即民國三十九年，六月二十五日，韓國是星期天
之拂曉，美國時間，華盛頓之時針是指向下午八點。在毫無徵兆或
預警情況下，北韓金日成突率十萬以上大軍，八個師的部隊，並有
一〇五裝甲師，配有一五〇輛俄裝坦克，衝向南韓首都漢城，不到
三天即予古領。而南韓部隊在坦克和大砲反擊下，對付來犯的北韓
部隊。就像切豆腐樣的，被突破薄弱的防禦，趕至韓國最南端的港
口釜山、已無出路，而部隊僅八萬，尚由美軍顧問團操控。

　　韓戰根據歷史的脈絡，可分以下幾點；一、在二戰日本呈現敗
象投降之前夕，同盟國體認到，韓國將應脫離日本統治，屆時必須
採取一些因應措施。於是盟國三大袖領、羅斯福、邱吉爾、和蔣介
石在開羅會議便對此事有所商討，而於一九四三年十二月一日發表
聲明：「上述三大強國關心受奴役的韓國人民，決心讓韓國獲得自
由和獨立。」三巨頭（蔣介石未參加代之以史太林）在一九四五年
初的雅爾達會議中更明確的表明對韓此一政策。美國總統羅斯福、
蘇聯總理史太林和英國首相邱吉爾同意在戰爭結束後，韓國應由四
大戰勝國，當然包含中華民國，共同託管，直到韓國獨立為止。

　　但在一九四五年七月下旬的波茨坦會議，杜魯門和史太林同意雅爾達的條件和韓國未來。聯俄於一九四年八月八日起即對日宣戰。蘇聯軍隊迅速入侵滿洲，並趁機衝入北韓，顯示蘇聯有意控制整個朝鮮半島。美國負責訓練部隊的軍事顧問團，才採取具體的行動。約略的將韓國劃分以三十八度為界線，分南韓、北韓為二，莫斯科當局亦毫無異議的接受了此項劃分方式。實際情形，在戰爭爆發前，大韓民國經由聯合國所發起的舉行人民的選舉，於一九四八年五月制憲成立。惜共黨領袖金日成所控制的北韓拒絕此一選舉，已為朝鮮半島戰端，埋下伏筆。

第四節　史、毛的較勁

　　中共在一九四九年，尚未建國之前，毛澤東在大陸上把四百多萬的國民黨軍隊，打個落花流水，橫掃、直搗，殺紅了眼，舉世為之震驚，英國香港都已在備戰。所以英國在中華人民共和國籌備成立期間，乃急於一九四九年九月二十一日，成為率先承認中共的國家。

　　而史太林體認到毛澤東年富力強，又中國人力資源豐沛，攻擊性強，戰鬥力屢戰越盛，必將獨霸世界共黨統治權，賑出小額給毛澤東，一則開拓共產世界，可滅少自身之負累，二則因朝鮮半是蘇聯的後院，誘導中共朝中南半島發展。尤其越南共黨領袖胡志明一

向在雲南，又會說中國話，史太林力促胡志明向毛澤東親善如兄若弟，是親密的革命同志，可滅少磨擦。

此種情形，見在金日成眼裡，中國之革命竟為此順利，致野慾橫生，私下朝俄，向史太林霸主請示機宜，他要統一朝鮮。史太林雖未嚴予拒絕，但顧及恐怕觸怒美國，未敢吭聲。

金日成回程時，將情委實告訴毛澤東，出風頭機會已到來，崢嶸領導和分享權力，不可失；答應待我解放全中國後，以志願軍名義支援。因中國人若換上韓國服裝符號，美國人根本分不清是誰！金得此言後，吃足了高麗蔘，嚼上了大蒜，一鼓作勇，衝過三十八度線，攻陷了漢城。當南韓中央當局接獲北韓入侵的消息，甫成立，但未久的韓國總統李承晚慌忙急迫的向東京的麥可阿瑟將軍，華盛頓的杜魯門總統以及紐約的聯合國總部求援。

杜魯門接獲此項消息慌忙，從家中趕至華府即訓令美國駐聯合國大使恩斯特‧葛羅斯向聯合國秘書長特里吉夫‧李承晚局紐約提出控訴。美國並希望秘書長召開安理會緊急會議，以處理這樁入侵事件。當安理會被要求在翌日下午須下令停火時，蘇聯仍因聯合國拒絕排除中華民國，而不接納北京中共政權，刻意缺席，而抵制聯合國。

在安理會，經過數小時激烈爭辯之後，美國所草擬的決議案以九票對〇票獲得通過。此項決議案要求所有會員國提供聯合國必要之協助，以執行停火命令。即刻有十六國響應這項決案，提供部隊、醫療設備以及其他形式的協助。首先響應的國家就是中華民國，她願提供三個精良的步兵師和二十架Ｃ４７運輸機隊，附帶飛行員和維修人員，供聯合國指揮差遣。

而蔣介石總統所提供的 33,000 名部隊，都是受過美式訓練，使用的美軍裝備。麥帥力主接受此一重要提議，最後因杜魯門心意突然改變，而遭到封殺。因國務卿艾奇遜強烈的反對使用蔣介石的部隊，由於蔣的介入，會導致中共參戰支持北韓。所以我在會議決定，讓麥克阿瑟將軍全權指揮他所管轄的部隊應對此一情勢。

第五節　求和

其實按以後的演變及發展，完全是多餘的顧慮。因中共已決定計劃參戰，是毛澤東之既定政策。同時早在北韓精銳部隊侵略時，已有不少中共解放軍人員。因金日成當年在東北、吉林抗日打游擊時，就與當地中國人混在一起。迨至麥克阿瑟受命擔任聯軍統帥，先頭部隊抵達釜山，被擊退至釜山最後防線，乃從仁川登陸展開反擊，金日成的部隊被迫至北韓時，已潰不成軍。當中共之正規軍，以志願軍名義，於一九五〇年十月大舉渡過鴨綠江，予聯軍以迎頭痛擊，金日成連自己的軍權都不要了，全交由中共聽從指揮。

彭德懷以人海戰術，負天寒地凍每人身負凍瘡，不顧生命之危險，衝過三十八度線，越過漢城，追擊聯軍。當美軍地南部隊增援，空中展開地毯式轟炸。彭懷德回京請示毛主席，嚴予面諭，不得動搖，一定要把美軍趕下海為止，才是「抗美援朝」。此除，周恩來急起莫斯科向史太林求援，史則紋風不動，是在坐收漁利，想犧牲

毛澤東，以探美國軍力及科技，有所備也。因此周此行有點成果，僅是象徵性的軍品、飛機、大砲、坦克也。

韓戰此時仍在熾烈酣鋸中，光是頭一年，所造成之傷亡達兩百四十多萬人，其中光美國有五四‧二四六人死亡，一○三‧二八四名人受傷。中共經過五次戰役，傷亡慘重，由五十萬人，陸續增兵至百萬之眾，受葬身火海，仍叫戰不停。美國總統杜魯門則向全國吆喝，自二次大戰後，國家安全已遭到空前之危機。日本舉國上下唯恐再遭戰禍，每小時有戰火專報分析。沿街有報販喊叫「號外」。美國為增強戰力，抵禦侵略，惟仰賴日本後勤補給，始之成為製造工廠，這也是日本戰後經濟，能迅速復甦，成為經濟大國之肇因。

此刻也有人向毛澤東提及，萬一挑戰逼迫至極，一旦美國動用原子彈轟炸東北重工業區怎麼辦！毛澤東回應中國有的是人，即使死上個千百萬，拼掉美帝幾十萬也划得來。可是北韓已炸成一片焦土，而無物不被炸及，金日成已受不了啦，即勝等於無，則求「停戰」。而聯軍已戰疲不堪，雙方停戰則一拍即合。終至板門店檔談判，達成協議以三十八度線為界，分南北兩韓，自是韓國確定有兩個政府各擁有主權。互不隸屬。

停戰後，檢視戰績，光頭「軍美軍死亡人五四‧二四六名。一少將指揮官狄恩被俘，受傷者一○三‧二四八人。共黨係亡二、四○○‧○○○人，其中除北韓軍民外，大多數是中共解放軍。還尚有一七○‧三○○人遭生擒被俘，以後之一年多裡，因手頭缺少具體資料，但第一年傷亡情況推估，相信雙方都傷亡之慘重。

在以上些被俘中，除有一四‧〇〇〇人願唾棄中共，奔向自由祖國之台灣。其餘都願返回大陸。願赴台者，後由「救總」谷正剛，蔣經國所組成之「慰問留韓反共義士代表團」，前往韓國慰問，並盡全力協助，將這批義士自韓國濟州島，莫瑟浦俘虜營接到楊梅義士村。谷正剛，蔣經國願將他們獻之青天白日血旗，要撞到南京及北平去，且將一月二十三日，定為自由日。

第八章

毛澤東、史太林、赫魯曉夫

第一節　毛、史、赫之間

　　早在毛澤東尚未征服全中國之前，即孕育著世界之事務。而欲利用美國記者宣揚他的思想。世界有名的記者埃德加、斯諾不甘被用，毛轉向與他平日親和的女記者安娜露易絲‧斯特郎為他向世界各國內的共產黨，當然首推美國以及東歐的共產國家宣揚說：「黎明始自中國。」並聲言；連馬克斯與列寧都夢想不到的事，我都實現了，亞洲的共產制度大不同與歐洲。攸關共產制度及實行方法，應由蘇聯轉為多向中國學習。此事惹毛了史太林。註：（張戎與喬‧哈利迪兩博士合著之英文版《毛》三百五十頁有這樣記載。）毛澤東並請資訊不要傳到俄國，但資訊好像水，一到俄國即遭到查禁。史太林身為共產世界之盟主，陰狠有名，至高無上，吃此悶羹，又挨了一棍，也無法奈何。因毛澤東不是狄托（Tito）中國，也不是南斯拉夫，是一大國。可驅除於共產陣營之外毛澤東是擁有鬥爭天賦，如古羅馬競技場之格鬥者（Gladiator）接鬥誓必將對方擊倒方罷。史太林只有待機報復了。

毛澤東將在建國和甫建國時迅速走向國家現代化，欲訪俄有求助於史太林，並提出要求。而史太林認報復時機已到，首先表示欣然同意，然則密向蘇聯駐北京外交人員及毛澤東身邊俄籍醫生，問他的反應為何？他們回答：毛歡喜若狂。毛也自認他原先宣揚他在共產世界之影響奏效了。則確且回答史太林，他之訪問約三個月內，時間是在五月四號或五號，乘坐飛機或火車未定。其實史太林已操控毛澤東之情緒，姑此之反覆答應又延宕多次，最後毛一個回應；待政治局各委員視察秋收回朝後，在大會上介紹可與各委員互相認識，這在國際禮儀絕無僅有的事。

毛史二人互見終有其必要，遂敲定在史太林（一八七九年十二月二十一日生於一九五三年三月五日亡）七十歲生日相聚。在慶生大會上毛澤東念其擬定之頌稿，大出風頭，其他共產及共產國家頭子，個個邊站表情嚴肅，東德共黨頭子，尤為特甚。只有史太林本人略綻微笑。而後隨行兩國磋商談判，乃於一九五〇年二月十四日，由周恩來代表中國與蘇聯簽署三個條約：《中共友好同盟互助條約》、《中共關於中國長春鐵路，旅順口及大連的協定》、《中蘇關於貸款給中華人百共和國的協定》，並廢止一九四五年（民國三十四年）與南京國民政府所簽署之《中共友好同盟條約》等，蕆事後，即陪同毛澤東及越南共產領袖胡志明同車返回北京，途中順道考察東北。

事實上，毛澤東早在央請美國女記者斯特郎為他在共產世界，宣揚「毛澤東思想」時，私下就在陽奉陰違向史太林的最親信公使米高揚（Mikyan）說：他絕不做狄托第二，他史太林的忠實信徒。為了獲取新式武器及陸海空設備，在米高揚監督下，經由克維里夫

（Kovalev）翻譯，佯稱：史太林是中國及世界人民的導師。毛澤東並起身站立而舉手高呼「史太林萬歲」，一連有三次，喊了個口沫橫飛。同時毛還提出一些實質具體的作法；要斷絕與西方的一切關係，讓所有資本主義使館滾出中國，我很高興，會有好處。毛澤東此種處事態度，已引起國內人士高度關注，更會意識到英美會趁機有顛覆活動。若西方勢力之出現，會給自由份子私潛在的政敵，有反動的缺口，不過也不會太大。可是這背後，也隱藏著，要關起門來大事整肅異已。

　　在一九四九年（民國三十八年）十月一日中華人民共和國甫建立後不久，即提出方案，欲設立一個「亞洲共黨情報局」（to create An Asion Commform）自任首長。當史太林問起此事，米高揚則向史舒緩報告；他只限中國後院即韓國、日本、越南，史太林並不同意，且叫毛澤東收斂，不要自我膨漲，而不知分寸。同時急電駐北京特使米高揚命令毛澤東即刻逮捕替中共之工作者雷敦柏格（Rittenberg），是間諜。並派美女記斯特郎在共產陣營外，促銷「毛澤東思想」指涉是雷敦柏格之同謀，在適當時機地點雷敦柏格果被逮捕，斯特郎在蘇聯之出境到中國亦遭到擱置。並被送進魯伯彥克監獄（Lubyanka），後遭驅逐出境，斯特郎才將全部經過，向外界擄露出來。

　　史毛如此似手持刀槍與狗的在反擊較勁，史太林能操控毛澤東之情緒及一切。而毛澤東更能將史太林之腦袋屈指於掌。所以毛澤東對史之極力恫嚇，根本無動於衷，決如期在建國的第二個月，十一月十六日在北京召開「亞洲共黨情報局」大會，並擴展到菲列賓及澳大利亞等國。因之，前北大教授胡適之先生當時為了迎合國民

黨所好，曾言；我的學生毛澤東是個演員。事後經過驗証，毛澤東
為了他的勝算及有利，什麼都演得出來。

第二節　史毛之明合暗鬥而後套住赫魯曉夫

　　一九五三年三月五日，史太林死了，而兩巨人之明合暗鬥，也
隨之結束。有人說毛澤東已獲了解放，中蘇關係現見緩和。但據說；
毛澤東至太林設在北京俄國太使館之靈前弔唁，還灑下了眼淚。這
時，在西邊的克里姆林宮赫魯曉夫正展開鞭屍史太林，說他；什麼
事情都是一把抓，是個大獨夫，而話餘還波及了毛澤東。而毛澤東
為維護盟主史太林之尊嚴唯名，痛斥赫魯曉夫之不是。自一九五六
年的六月始赫氏即陷於泥沼巧的是正當鞭屍運動如火如荼的進行
時，而波蘭的波茲南市，一個取名「史太林工廠」的工人暴動，有
五十多人被殺。而在史太林統治下時，坐過牢的葛米柯（Wladyslaw
Gomulka）出獄後，重掌政權，則利用此一機會，要獨立於莫斯科。
赫魯曉夫則先會知毛澤東，波蘭反俄情緒高昂欲採軍事鎮壓，毛澤
東不同意，則罷。事實已決定不採了。
　　在此緊要關頭，是年十月間另一附庸國匈亞利發生了空前更大
的抗暴，不僅要獨立於莫斯科，根本就是要推翻共產政權。而對此
種情況，而赫魯曉夫對胸亞利態度與對波蘭大逆轉，非但不欲鎮
壓，反想撤軍，此事也照會北京政府。毛澤東是運用矛盾律高手，

鬥爭專家則說；如果俄國撤軍，匈共政權無疑的是徹底崩潰。這對東歐兄弟之邦會鬆動，漸背離共產陣營。這時，毛澤東則搬出史太林主義，是之，對政敵、離異份子，叛逆殘酷鎮壓，毫不留情。可是當蘇聯軍隊，大砲、坦克進入布達佩斯時，私下又對匈共首領告以嚴密的掌控自己的軍隊，不受外力干擾。

　　毛澤東再三試圖鎩羽克宮，使它羞辱，無地自容，而公開自責。曾在電話上訓令在莫斯科之周恩來；請克宮執政當局應重新評估史太林及毛澤東之功過和路線。因這些蘇聯人，因物質之豐厚，坐享其現成，已變得如癡若醉，與他們打交道時，趁機給他們一頓大餐；諷譏或臭罵。他們實際所需要有的，絕不是五千噸鋼、四億噸煤、八千噸的油，更多的東西。周恩來未能及時挫赫代辯；而中國正在大力經濟時，極缺乏這些物質之挹注。

　　正當匈亞利暴亂時，國際間，另一重大事件發生。因蘇黎士運河問題，以色列於一九五六年攻擊埃及，盎格魯撒克遜及法蘭西斯均幕後支持。而毛澤東要弱蘇聯大沙文主義，折赫魯曉夫雌伏的良機又到。且毛為的要在共產世界陣營打知名度，爭領導權，願作坡及之保護者和導師，心裡急的發癢。因此，願不像其他國，有任何附帶條件，要提供二五〇・〇〇〇萬志願軍和武器，並提出乙份作戰計劃給坡及總統納瑟（Nasser），後經坡及仔細評估，二十五萬志願軍，因缺乏運輸工具，等於零。武器方面，小米步槍亦不克奏效，而且中共又不是聯合國會員國，最後捐出二千萬瑞士法郎了事，但國際知名度已成功的煌輝於世界舞台，尤其北京發動了一千萬人的示威大遊行震撼了世界。

　　還有一九五七年一月七日，周恩來訪問蘇聯在與赫魯曉夫的會談中，批評赫魯曉夫全盤否定史太林引起整個社會主義陣營一片嘩然！是錯誤的。在處理我們共產兄弟之邦問題上露骨的現出大沙文主義，毫不尊重。赫魯曉夫當著大眾的面，粗魯而怒不可止的反駁；我出身工人階級家庭，你卻是資產階級出身。周恩來則泰然回敬，我們都違背了自己的階級，至是則赫魯曉夫頓然折服。

　　再於一九五三年，赫魯曉夫為當上第一書記，訇然逼史太林之繼承人馬林科夫下台，激起史太林之親近及已失勢之同志，積極的醞釀罷黜赫魯曉夫，是腹背受敵，處四面楚歌，不得已，乃投靠毛澤東敦其支持。

　　一九五七年十一月二日，毛澤東飛往莫斯科出席共產高峰會，也是空前的一次。為的是加強團結合作，毛要想自赫魯曉夫，得到他想要的東西。但為的要中國突出，他又和赫魯曉夫是同儕，甚或是資深前輩。飛機起後在機和赫魯曉夫雙方同意草擬一份會議程序，按此程序六十四個友好共產黨，其中還有十二個是執政的，都沒有發言的機會。所以會議一始，赫魯曉夫先讓毛澤東致詞，毛則坐在彈簧椅上，也不站立，大放讕論，連草稿都不要，若太上皇，其他人只直挺挺的站著聆聽。會中毛澤東堅稱；如果我們有原子彈，飛彈和先進武器，中國可單獨挑戰美國，用不著蘇聯再擔心美國帝國主義了，因為我們中國有的是人。

　　於是蘇聯紅場閱兵大典高爾基大街（Gorky Street）上人們揮舞著中國國旗，高喊「毛澤東萬歲！中國萬歲！」。（張戎及喬‧哈利迪合著英文版第四百二十七頁）。

　　接著俄援高科技連同原子模型次第運到，其高科技人才由六百增加到六千人，雖然蘇聯國內高科技主管有人反對，赫魯曉夫仍圖顧其異，照計劃行事。

　　而毛澤東返國後則嚴禁節育，而獎勵生育，北大老經濟學教授馬寅初則對之，提出聲明異議；經濟發展之累進，永遠不上人口幾何級數之增進。慘遭整肅。

　　（以上第十一及第十二兩章，參酌韓戰紀要和摘點節譯張戎及喬·哈利迪合著英文版 Rivalry With Stalin & Undermrning Khrushchew 兩篇）

第九章

剛愎自用決定「大躍進」

第 一 節　　動機

在與史太林彼此纏鬥及鎩羽赫魯曉夫鋒芒初露,可謂已非常之成功。因為他所需的東西,蘇聯應該給的都給了。但是,毛澤東為了要在極短的時間內,成為世界第一流的強國,像蘇聯首先發射一枚衛星斯帕特尼克(Sputnik)登陸月球,是毛澤東心想要的。再就蘇聯的航母以及潛艇大艦隊可巡戈世界各地及太平洋的夏威夷。攸關斯帕特尼克,赫魯曉夫沒有回應,至於海洋艦隊赫魯曉夫提議中蘇成立聯合艦隊,反被毛澤東婉拒,因怕被控制。

正當蘇聯衛星斯帕特尼克首先登陸月球,國威鼎盛時期,赫魯曉夫要經濟十五年內超過美國,乃激發起公已久之潛在意識,他要中國十五年內超越英國,再幾年就是美國。因此,他在一九五八年自英斯科返回北京,即於五月五日召開八大二次高峰會議。會中不經討論,又罔顧經濟發展規律,即拍板展開全面性的「大躍進」:其重要基點,如戰爭中人海戰術,策動各大城市及鄉村大力製造業,在農業上「人有多大膽,地有多大產」。在工業「遍地開花」,

一天等於二十年的企業奇蹟。要土法大煉鋼，因原藉資本家所建的那幾座大洋群（洋溶）煉的鋼已不敷濟事，要遍設小土群（土炉），增產報國，製造飛機、巨輪駛向列強——美帝。

第二節　效果（應）

　　毛主席為的要迅速成為世界第一流的強國，致全國各地在史太林已死，赫魯曉夫受挾持情況下，曠世無敵，毫無掛牽的煽起「大躍進」，如麥田，每畝以河南為例由 2,105 斤到河北 3,656 斤，再到河南之 7,320 斤。水稻方面，由一萬斤到幾萬斤。如廣西環江竟拉到十三萬斤。如達不到生產指標，各地幹部都在造假，且在競相提高。如繳不上，則逕指各級幹部以及人民有小倉庫、小廚房。等相互之間？為推諉卸責，竟指對方煞有其事。終至無米可炊、羹菜皆無，逼得連種子都繳了。彼此監控套牢，只有坐以待斃，致橫屍枕藉，處處餓莩。昔易牙烹子獻桓公是偽忠要湯。今父食其子，求活存，且獸相食、人惡之，而人相食，情何堪！幾千萬人命唉！

　　工業方面，要「遍地開花」，勞動要「星星當太陽，下雨當沖涼」。其誇口，系緣自於「一五計劃」非常之成功，路線正確。在一九五七年時，中國之鋼鐵產量已達五三五萬噸，這正是日本發動珍珠事變時的鋼鐵產量，因此這也說明中國在解放後十年中，鋼鐵產量接近日本明治維新後七十多年的成績。因此在「一五計劃」中，

國務院及把一九五八年的鋼鐵產量訂為六五〇萬噸，這項指標已屬超額。（唐德剛著：毛澤東專政始末第一〇六頁。查唐氏一九二〇年生、安徽省合肥人、國立中央大學歷史系學士，美國哥倫比亞大學碩士、博士。曾先後任教國內外各校教授）。

　　但為的要十五年超過英國，再幾年就是美國。其步調太慢，決要再翻幾翻，一翻的鋼鐵產量就是一·三〇〇萬噸。已超額太甚，這對其他經濟發展指標，不單發生排擠之效應，簡直是個大破壞。在一九五八年時，全國電力容量，還不到六〇〇萬瓦，加之「小高爐」煉鋼遍設，致全國有九千萬人上山砍柴。樹林光了，土質破壞，泥沙土石流河川受淤，運輸都受到影響。

　　至於礦砂因缺乏來源，則凡鐵的東西，如鐵鍋、鐵鏈、鐵絲、以及門閂和釘子等均搜尋不遺，一律送「小高爐」冶煉。最後逼得上報無方，連蘇聯老大哥所援助之機械成品也變成土製品，充作業績。但這些成品看在專家的眼裡，硫質太高、質量均差，所煉出成品都有疙瘩，不能用，如同會發生不良之負面效果。

　　時有中共高官名士李銳先生是戰前武漢大學水利工程系畢業，為部長級的水利專家，黨內民主憲政代表，系湖南平江人一九一七生，因天生愛國恤民之情懷，為「大躍進」要向毛主席嗆聲。但為慎重起見，先徵求農、工、商、經、計委會以及機械部長趙爾陸等之意見，所得回應，對「大躍進」，都是否定的。且與自己之概念，相去無幾。及決上書，第一封信毫無回應，第二封信則有回答；信中內容並不明郎。因不到黃河心不死，再陳述第三封信，蒙得可面談，在面會前，先探詢主席身邊秘書田家英（川人）告以和

主席談話要格外小心，老板不好伺候。當見到主席時，興而直諫實告；如麥田生產敏畝二‧〇〇〇斤，竟拉升到七‧〇〇〇多斤。水稻由幾萬斤，拉到十三萬斤。主席是農家出身，二十歲前，未曾脫離過田地，怎麼會有直線上衝的生產情形。主席回應：我是看科學錢學森的論文，太陽能會利用多少，生產量會成正比例的增加。李銳回應錢學森是個大科學家，但搞農業經濟，並非他之所長。李銳是贏得個被任命為兼職秘書。可是後來還是因「大躍進」問題，於盧山會議後被下放到黑龍江虎林縣勞改。勞動時發現對西村子裡有兩個白俄老太婆，是當年從烏蘇里江對岸集體農莊逃過來的，嫁給了我們中國人，問起集體農場情形，她們說：蘇聯從史太林一直到赫魯曉夫，農業生產值，從沒有超過沙皇時代。

　　一九五八年底赫魯曉夫訪問北京，毛主席為凸顯自己之特長，却對方之短，仍不忘挫赫魯曉夫之銳氣，而不照國際禮儀，先邀赫氏一同到中南海游泳池游泳，毛公在池內游來游去像白沙戲水。而赫魯曉夫矮矮胖胖的，體態笨重，一下池像在喝水，嚇的安全人員趕緊將赫氏扶出池外。後二氏在池邊談話，毛主席問起蘇聯對於餘糧，怎麼處理，赫魯曉夫答的極妙。蘇聯對這方面毫無經驗。依毛澤東的意思，我們中國除了先後依約償付蘇聯的援助外，尚有餘糧，殊不知因糧已餓死，逼死已幾千萬人唉！却不自知。

　　一九五九年赫魯曉夫訪美時，正是中共解放大陸後十年之經建成功。即「一五計劃」足抵數個十年建設奇績。而「二五計劃」亦正要開始。而赫魯曉夫冷眼看中國，就曾警告美國說，「很快的美國就要淪為世界第三　經濟大國。」記者反問他，誰是第二位

呢？赫氏忽然以英語回答說：「No Comnent（無評論）」足見赫氏對中國之驚羨也。（據唐德剛博士所著，毛澤東專政末乙書第七十頁前三行）。

但筆者淺解，自赫魯曉夫當上蘇共中央第一書記兼部長會議主席，一路走來，即受毛澤東之操弄，挾持利用，而心中有個大悶鍋，借此番用語大事宣洩。筆者視之為「陽謀」在煽動美對抗中華人民共和國，蘇聯可置身事外。套句蔣介石總統的一句話：「我們是美蘇夾縫中的戰爭，判來蔣毛適之反也。史太林死後，寰宇之內誰與毛公來鬥！俗語說，真是吃人夠夠，就此導致「中」蘇分裂，能說不是主因。

毛主席對「大洋群（洋爐）」煉鋼，已睥為無濟事，輒如火如荼的推動「小土群（土炉）遍地冶煉開花。乃召主管國務院鋼鐵生產的副總理薄一波到他中南海游泳池一同游泳，薄一波深覺榮幸時，主席順便徵詢鋼鐵生產量，能否翻一翻？薄一波正在池內翻又翻，幸而答翻翻，翻！（薄一波回憶錄中之一段趣言），正合君意，就此訂下鋼鐵生產量由三·〇〇〇到九·〇〇〇萬噸，甚至上億萬噸，以至無底了。但為達主席生產量要求，夫妻日以繼夜不上床，學生不上課，連國母宋慶齡，毛妻江青都要上陣製腕鍊鋼。因此，舉國上下都在「以糧為綱」「以鋼為綱」的管制系統中套牢，成宿命論。另還有「三線政策」亦相厲害，第一線是沿海，定為易受列強侵害。第二線是內陸第三線為內陸偏僻方之山區。中共之重工業製造廠多設在此等地方。但因交通不便，環境惡劣、醫療設備匱乏，因水土不服，死亡人數，絕非少數。

　　此情、此事，斯時共產高層，已有不同雜音，只是還尚未擡面化。惟有彭德懷大將軍，跟毛主席起兵時起，開始二萬五千里長征，一路相挺保鏢護駕，直到北京城建立中華人民共和國，功業彪炳，厥功至偉。敢在主席面前，將湖南家鄉所聞所見真情吐實相告。湖南因有洞庭湖是漁米之鄉，語云：「湖廣熟，天下足」，然湖南因「大躍進」所遭之慘，甚比其他地區，更為嚴重。彭德懷滿口老毛，老毛的直呼，簡直像是張飛，但不若飛心細。殊不知毛公已是國家主席了，還不知自量。就如同劉邦打定天下，叔孫通定朝儀前，各路人馬英雄好漢，酗酒爭功，「拔劍擊柱」歷史之重現。這已種下「盧山會議」以後「文化大革命」之伏筆。

第十章
「文化大革命」

第一節　源於廬山

　　一九五九年六月中共總理周恩來在中共中央書記處會議上討論國民經濟計畫時，批評「大躍進」否定了時間、空間、條件，打破了客觀規律，主觀主義大發展。八月黨內群能集於江西廬山召開中共八屆八中全會中展開對彭德懷、黃克誠、張聞天、周小舟等的批判。鄧小平則「三面紅旗」需降溫，經濟發展不要冒進，劉少奇則謂：「大躍進」是人災，「人民公社」需改善。其餘都保持緘默，未出惡聲，但冷眼凝焦投射一人，心中頗有悶結。毛主席處此場景無視左右，腹中實如刀劍在刺，則急召老病號林彪（尚在養病中）上山。而林彪對事情早胸有成竹，為順勢自澤，當即擁護毛主席，會議局面乃為之大扭轉，自是左、右兩派隱約成形，則注定林上彭下。毛主席還親切的告訴林彪會更上一層樓——黨的副主席。

　　自後在「九大」前林彪為造神運動歌頌毛主席，無論是人前或人後都冠稱四個偉大：一、偉大的導師二、偉大的舵手三、偉大的領袖四、偉大的統帥。其辯稱：「三面紅旗」即「總路線，大躍進，

人民公社」是毛主席推動的正確路線。「總路線」是社會主義建設的綱領,「大躍進」是社會主義建設的速度,而「人民公社」是加速社會主義建設的組織形式。此三者既是互相,也是互相促進的。事情辦壞了,出了岔子,是大家沒有照著他的指示去辦,是他的意見沒有受到尊重,受到干擾所致。筆者認為真如西洋政治思想史,早期之英王,如對臣民有善舉成就,是大臣秉承我的意旨而作的,若有不善或惡蹟,是大臣們違背我的詔令私自而幹的,所以英王永遠不會為「非」。

茲還是有別開生面一趣事,值得在此一提,林彪大元帥已有些年邁,而葉群是他在延安時結婚的第二任妻子。是大學畢業,受過高等教育,而本質潑辣無知,卻野心勃勃,貪慾無窮。林彪為滿足其慾,則想出一變通變法,向周總理提出一迂迴策略,建請毛夫人江青進政治局,而周恩來知其本意,尤其林彪又為國之二號人物,當然會想到他的夫人葉群一併向毛主席建請入政治局。毛澤東洞察其情,打趣的說,老婆是人家的好,寓意真夠深厚。結果二人一雙進了政治局。

第二節　風雲起上海

十年「文化大革命」是轟天動地,震驚寰宇。序幕是盧山會議之場景,毛主席仍縈懷不散。最好的策略是借吳晗的「海瑞罷官」

發動一次文化大革命，橫掃些異端，牛鬼蛇神。讓檯面人物是江青、姚文元、張春橋、康生。而本人則居幕後、頤指氣使。「海瑞罷官」是北京市副市長，明史專家吳晗為響應毛澤東提倡敢講真話的精神，於一九六〇年寫成的劇本，一九六一年一月在北京首演。全劇共九場，異常叫座，尤其經京劇名伶馬連良演唱，愈加傳神轟動。該劇情內容是明朝嘉靖皇帝，因海瑞一五六九年至一五七〇年任應天府（現南京）巡撫期間，敢將曾任宰相之鄉官徐玠的第三個兒子徐瑛處死，並通令縉紳退跡等事田，宣傳海瑞剛正不阿，不畏權勢，敢於鬥爭的精神。竟被嘉靖皇帝罷了海瑞的官。在這樣的背景下，江青曾多次向毛澤東說《海瑞罷官》有問題，要批判。毛澤東剛開始時佯裝不同意，末了還是被說服了。一九六四年，康生也向毛澤東說《海瑞罷官》與盧山會議之彭德懷問題有關。一九六五年初，江青就為此事在上海與張春橋共同策畫，後由毛主席欽點姚文元主筆在上海「文匯報」寫批判《海瑞罷官》的文章。但此事尚須在極保密的情形下進行，中共中央政治局委員，除毛澤東外，無人知曉。為了保密，張春橋每來北京一次，都冒著很大的風險，暗中藏著評《海瑞罷官》的文章。因為叫他們知道，他們會反撲將這些文章扼殺了。所以在一九六七年二月毛澤東有次接見外賓時，談到《海瑞罷官》事，誰開頭寫的，我也不知道，是江青他們搞的。

姚文元的這篇點名批判文章，捕風捉影地把《海瑞罷官》史所寫的「退田」、「平冤獄」同所謂一九六一年的「單于鳳」翻案風，聯繫起來，說什麼「退田」、「平冤獄」是當時資產階級反對無產階

級專政和社會主義革命鬥爭的焦點。《海瑞罷官》就是這種階級鬥爭的一種形式的反映「是一株毒草」。

　　姚文元的文章發表後，立刻引起強烈反響。出現大量不同意見。在江青的直接操縱下，張春橋、姚文元等利用「文匯報」，圍繞姚文元的文章發動一「大辯論」，他們暗中把這場「大辯論」稱作「引蛇出洞」。並通過各種手段收集京滬等地知識分子，特別知名人士的反映。他們把「放」出來的各種論點分類排列，把不同姚文元的觀點，都歸類「右派言論」，借此對知識分子，特別是中老知識分子進行打擊。

　　後來對《海瑞罷官》的批判竟發展到史學界、文藝界、哲學界等社會科學領域全面的「揭蓋子」（註：意即打開希臘神話潘朵娜是非之源的盒子「Open Pandora's Box」）。並在報刊上發表一系列批判吳晗及「三家村」作者鄧拓的一些文章，把這場批判運動推向了全國之高潮。

　　因吳晗是北京市副市長、鄧拓是北京文化局長，彭真為此於一九六六年二月三日召集成立五人小組討論。但經中央指定五人小組成員為陸定一、康生、周揚、吳冷西，由市長彭真任組長。會後，由中央宣傳部副部長許立群、姚溱起草了乙份五人小組討論的關於當前文化的匯報提綱（即二月提綱）。這個提綱雖然在當時情況下，有合於「左」派的提法和評句。但主要還是試圖把已往展開的批判加以約束，不再擴大，能置於五人小組黨的討論範圍內。後報向中央政治局常委匯報並取得同意。就連刻在武漢的毛澤東獲悉亦無表示反對。但由於江青和林彪相互利用，因各有異志，彼此勾結。一九六六年二月由江青出面在上海召開了部隊文藝工作座談會。根據

這次座談會整理出來的資料（紀要），企圖將《海瑞罷官》之重大事件，以大事化小，小事化了，是「右派」是「修正主義」，是披著文藝的外衣「反黨反社會主義」專了我們建國以來的政！毛澤東對這個「紀要」完全讚同。並確切的指出北京市委是「是針插不進，水浸不進」的「獨立王國」。毛澤東何出此言！他是黨主席，北京市委屬行政系統，國家元首是劉少奇。首都政績較其他城市地區有所不同，一切事情都能操控，包括大眾媒體。所以毛澤東嚴刻的指責五人小組滙報提綱是錯誤的；不支持「左派」，「扣押左稿件」，是「閻王殿」要「打倒閻王，解放小鬼」就先解放五人小組，北京市委，再進一步「砲打司令部」。

第三節　北京紅衛兵星火燎原

　　劉少奇正在自家院內，細讀「二月提綱」以及江青文藝座談會的「紀要」對《海瑞罷官》批判的些文字，正來回踱步子細推敲著每一個字時——王光美自外面進來，少奇呀！外面鬧哄哄的，滿城充滿著詭秘氣氛，這到底是怎麼回事？就同一股電流刺到劉少奇的腦神經，而劉少奇則低聲深切告訴王光美：文化大革命是毛主席支持的！以後說話要格外小心北京市委錯估了形勢，認為是江青搞的，現事情鬧大了。原「盧山會議『神仙會議』快樂之意」，現已成「魔鬼會議」了。

　　新會伊始，毛澤東首先解散彭真之五人小組，由中央改派江青、姚文元、康生張春橋、王洪文五人為「文革」小組。謀略出自毛澤東，其執行是康生和江青。而最佳選擇是不動用行政及國家基石解放軍。運用青年小將「紅衛兵」是無形而最有力之武器。能「砲打司令」成廢壘，掃淨些「臭老九（傾右或修正份子，以及一九五六年八大之後所謂雙白運動，即百家爭鳴，百花齊放傾右造反份子。）。因之，康生、江青則看好北京大學這塊政治園地。又得知北大哲學系黨總支書記聶元梓在北大搞黨非常活躍，而和該校黨委書記陸平素有宿怨間隙，可用。及決在北大點火向上亂燒。聶元梓因得到「中央文革小組」的幕後支持，就夥同宋一秀、夏釗眾趙止義百雲鵬等七人於五月二十五日貼出北大，也是中國的，第一張向上級領導造反的大字報（所謂大字報，按中共辭彙，就是壁報。其內容簡單，只是一句口號或再多幾句。相對的則小字報，也是壁報。顧名思義，因字小，可寫的多些）。來質問：「宋碩、陸平、彭佩雲，在文化革命中究竟幹些什麼？」。宋雖是北京市委陸的上級領導，彭則是陸在北大的同事校委，但並不知聶元梓與新「中央文革小組」幕後的秘密關係，乃發動全校各單位遍貼大字報加以反擊，頓時北大校園之內、成大字報山海，掀起了文革期間大字報大辯言的狂潮，而聶元梓見勢不妙，有些驚慌失措，乃反映向中央文革小組。該小組也極嚴肅而鄭重的對事情看待，乃夤夜將聶氏之大字報原文報向正在西湖劉莊度假的毛主席。而毛即下令公開廣播聶元梓的大字報原文。並在五月三十一日由文膽陳伯達在「人民日報」於翌日在該報上將聶元梓大字報，以通欄標題與「橫掃一切牛蛇神」的社

論，同時刊出。霎時事情真相大白。而北大全校，乃至全國的形勢頓時逆轉。致原在下風的聶元梓，一夕之間就變成北京大學的「巾幗英雄」了。一陣狂風暴雨，北京城隨即成造反派的天下了。所有各機關，各學校的黨委領導，都變成鬥爭對像了。

毛導東原先之策略是運用青年小將「紅衛兵」為奪權工具而最力之武器就是「紅衛兵」，現已由北大附中極迅速的漫到青大、北師大學附中。「紅衛兵」青年小將大小國體由數千個，幾萬個，逐日增滿了北京全城，而很快的串聯到全國每個城鎮、成千萬以上之紅衛天下矣！

他們在毛主席祖護之下，可不上課，免考試，到處橫行直撞，若似氓民。但到處有吃，乘交通工具如火車輪船免費。住宿在賓館，招待所禮遇如小皇帝，還可搭飛機說抓人實遊覽，到重慶去把彭德懷押到北京被囚。即凡毛主席意中之右派及修正主義者或自認可疑，只吆喝一聲：即臣服被鬥，被揍或被砍。甚至上門抄家，而有遭滅門者。他們紅衛之「總司令就是毛澤東」。而尚且其中有高幹子弟互相揪鬥者，如北師大附中美女宋彬彬曾替毛主席佩帶臂章，主席問她芳名太過文雅，改名宋要武，就活活打死六個牛鬼蛇神。還有劉少奇國家元首的兒子要衝出去參與揪鬥的行列眼睜睜的未便勸誡。使人人處危，惟命不保。

時機成熟，毛澤東於一九六六年八月十八日在天安門廣場樓上，除接受美女宋彬彬的佩帶臂章外，首次露臉檢閱紅衛兵。廣場上受檢閱之紅衛兵百萬以上。其隊型正前方為上海、天津、武漢、廣州、哈爾濱以及烏魯木齊。陪同毛澤東出現在檢閱台上的，有林

彪、周恩來、朱德還有正在意氣風發的江青。而在台上觀禮者有數萬計之紅衛兵代表。慶祝大會是中央文革小組長陳伯達主持，七點半慶祝大會開始，其開幕詞中首先冠上「偉大的領袖、導師、舵手」三個頭銜。而林彪繼則「這次無產階級文化大革命，最高司令是我們毛主席，毛主席也是最高統帥」。大會結束後，毛澤東在天安門城樓檢閱了北京的遊行隊伍，至十一時大會全部結束。

　　文革之初，毛澤東原不擬動支建國基石之人民解放軍。現紅衛兵之橫撞亂砸浪潮發展到除極右派和毛澤東欽定及意定中之份子外，已橫掃肆虐漫無止境，難以制馭之地步。致發生下列之嚴重事件；一九六七年元月一日，軍委會副主席兼秘書長葉劍英（黨政治局委員），忽接獲緊急電報，昨晚九點有數千各造反派學生闖入潘陽軍區設施，歐打警備兵，拷問軍區領導階層。副司令員重傷有生命危險，突擊行動尚在繼續中。請求軍委會指示。接著，南京軍區也傳來遭受造反派突擊的緊急電話。在上海方面，造反派（文革激進派）的工人組織對上海市黨委員會挑起激烈的攻擊。終於侵襲了人民解放軍。以上據李健一九九八年所著《紅船交響曲》一書所載。

　　上述情況葉劍英即報向黨副主席兼國防部長林彪委說；我這陣子身體不太好，而避重就輕，含混其詞，說「把軍方元老召集起來，大家想出個辦法，在部隊中該如何推行文化革命。」此非但沒有說出解決辦法，反把責任全推給葉劍英。

　　而林彪心裡想；黨毛主席所發動的無產階級文化大革命，說穿了，就是要把「革命的毛澤東思想，徹底染紅社會的每個角落。」，

為拍馬屁，則推捧任命毛妻江青為中國人民解放軍文化工作顧問，使文化大革命得以滲入軍方。林彪因在前年的十二月一次座談會上受到國家主席劉少奇和黨中央委員會總書記鄧小平所代表的反動的資產階級思想的毒害，正也是毛主席在紅衛兵大檢閱時頭號大字報，須要打倒的劉少奇和鄧小平。後繼續由造反派所發動的對軍方機關的襲擊，和軍方內部文革推進不徹底，是林彪要打倒軍方元老的目的。一九六七年二月二十一日毛澤東指示軍隊應介和支持地方文革行動。三月八日就有軍方大老大鬧中南海懷仁堂。因軍大老也再不沉默，因此，在北京西賓館（軍方專用設施，嚴禁外人進入）裡召開中央軍事委員擴大會議。會中軍方元老和文革小組激烈的對上了。而江青首先搶得發言；有件事要問，是誰下令不讓蒯大富（清華大學激進造反派領隊，（共岡山兵團）年二十歲，學生）進入議場的！本是在江青指示下試圖入場，卻被擋在門前。中央軍事委員會副主席兼外交部長陳毅開口「是我！」，江青問「為什麼不准進入場？」，陳毅反問：「江青同志，我也要問妳，蒯大富究竟有什麼資格參加軍事委員會議？」。江青被問得，無言以對。中央文革小組（黨政治局常務委員）陳伯達開腔相救「為了讓他們看看會議情況，紅衛兵們可以累積文革經驗，江青同志請他來，我們不是應該歡迎他嗎？」話一說完，葉劍英發出冷笑，挖苦的說「今天軍事委員擴大會議有軍區司令、海軍司令、空軍司令，可是就沒有什麼學生司令唷！」以此收拾會議序幕。

當會議進入本題時，江青毫不示弱，要求軍方，大鳴、大放、大字報、大辯論「四大」葉劍英嚴詞反駁：「軍隊有軍隊的規矩。

只有聽從指揮，步調一致，才可以得到勝利！」，其他軍方元老們也蓄勢待發，而又參與發言「軍方要是亂的話，將國之不國！」

　　全軍文革小組副組長人民解放軍總政治部主任蕭華（黨中央委員），也無倖免同遭江青之嚴厲批判。林彪的妻子兼秘書葉群在會場並幫腔：「蕭華是反林彪，壞文革的人。」。隔兩天繼續開會，十大元帥之一的徐向前在會上報告；蕭華的住家昨深夜，已遭江青所指示的造反派們搜索抄家，而激烈的責難江青。葉劍英聞之，雙手顫動，大拍桌子「蕭華是我保的，他如果有罪，我來負責！」。這次最激烈的衝突，江青稱為「京西賓館大騷動。」。也是日後文革派對軍方元老們展開大鬥爭的靶標。江青為此特驅車趕往中南海毛澤東辦公室，陳述與軍方遭遇種種。毛澤東這時正在審閱康生、姚文元、張春橋等人所整理之會議紀錄。江青進門闢頭就說；京西賓館騷動事件，矛頭是對你，不是我，他們要把你拉下馬來。毛澤東聞之一驚！初不甚在意，後經在會議紀錄上發現，譚震林等軍方元老們說我不幹了，甚開除黨籍並不甚惜，再經張春姚加油添醋，毛澤東臉眼頓時色變，手持煙槍含恨，又憤怒的說；想要否定文革是絕對辦不到的。又想死後會歷史之重演。確實面臨攸關個人成敗，生死之重大決擇（誠喻莎氏比亞大文豪說；（to be or not to be）。困而思之，還是請周恩來出面協調紓緩之。

第十一章

林彪不變，逃生墜亡，
伍毫啟事，周恩來臨危

第一節　珍寶島事件

　　珍寶島事件發生於一九六九年三月二日，突然蘇聯邊防軍出動七十餘人，裝甲車二輛、卡車和指揮各一輛入侵黑龍江省虎林縣境內的珍寶島，竟開槍打死，傷中共邊防士兵多人。中共邊防軍也向蘇邊防軍進行自衛還擊。四至十二日，蘇又出動邊防軍和飛機連續掃射珍寶島。十五日蘇軍動用坦克二十餘輛、裝甲車三十輛、步兵兩百餘人，在飛機掩護下，再次向珍寶島發動攻勢，中共邊防守島軍奮戰九小時，即連退蘇軍三次之進犯。十七日蘇軍又先後出動坦克三輛、步兵百餘人，在猛烈的砲火掩護下，再次進犯，中共守軍乃以前沿和縱深的火砲對登島　蘇軍予以猛烈的還擊。進犯未克得逞。

　　時正布里茲涅夫為俄共中央第一總書記，柯西金任總理，國勢正盛極慾實行大沙文主義，但與中共仍屬盟邦友好，為了擴張領土野心，乃有珍寶島事件必然之發生。但對此必然發生之入侵

事件，中共中央仍向蘇聯政府提出最強烈之抗義。於此期間，中共中央為蘇聯當局不自知理卻，反派出大量軍警包圍中共駐莫斯科大使館，而中共因侵略中國領土，曾多次向蘇聯政府交涉，提出嚴正之抗意。

珍寶島事件發生前，柯西金曾訪問越南來回途經北京，周恩來均有到機場迎接。惟珍寶島事件後，再過北京是毛澤東去迎，由周恩來陪同。柯西金也相應回辯，而毛澤東則說，我聽你們兩位總理老在打仗爭執，柯總理是勝利的一方。柯西金立即回應，像周恩來總理這樣舉世聞名的政治家，無人匹敵。但對珍寶島核心問題，就是遲而不談。周恩來仍堅持；任何外國之部隊侵略中國領土，絕對奮戰到底。

美國得此不易情報，即放出訊息願與中國改善關係。蘇聯為恐中共被美國拉攏利用，柯西金即要求會見周恩來，但一九七二年二月美國總統尼克森果成功的訪問了北京而簽署了「上海公報。」，雙方成了聯合制俄。

綜觀珍寶島境況；位在中蘇分界的主要航道中線，雖只是一塊沙洲，然關係著國家領土主權之擴張，也相對的另方之縮小，牽扯之範圍極廣。所以本次戰爭之成敗，一般名之為土洋大戰，震驚了寰宇，不過也只是一直生活在台灣的人不知道而已。（附珍寶島武裝地點圖於後）

是役也，在小米步槍與大砲實際拼命者，是瀋陽軍逼司令員陳錫聯部所幹的，時國防部長是林彪二人均籍隸湖北，前者是黃安（現紅安）後者是黃岡。按慣例戰死或戰活者是基層，但榮歸

上主。因之，林彪官舍，自是黨政軍大員往訪者，是車水馬龍，聲譽頓時鵲起。這在毛澤東心裡，突另一山頭之出現。歲月不讓人，林彪極慾登上國家元首寶座，急於星火。二人彼此心裡是什麼？互有靈犀一通。

第二節　逃生墜亡

　　古語：「狡兔死，走狗烹。」又言：「兔死，狐悲。」林彪眼看彭德懷，劉少奇兩頂端，重量級人物相繼倒下去，而鄧小平於一九六九年　由專機押往江西勞改，幸有周恩來密會江西當權派妥善保護免於一死。「保皇派」陶鑄於一九六九年密囚死於合肥，案情類似劉少奇。而最後之壁壘，一塊大石頭，是誰？林彪是鴨子吃餃子，自己心裡有數了。

　　斯時之林彪是處境尷尬，內外兩頭絞汁，極覺焦慮。還尚有其軍方元者們譏林彪（林禿子）居恆譎詐多端，神詭莫測。

　　接著再談「九大」，中共中央全國人代大會，本是五年召開一次。自上次第八屆十一中全會，至今一九六九年（民國五十八年）。應是召開大會的時刻到了。但遲遲未按時召開，原因是毛澤東顧慮劉少奇集團及劉本人黨國人脈關係深厚，潛在勢力太大，不敢打草驚蛇，反遭撲噬。

　　上次八屆十一中全會中共中央已通過整肅文化大革命其黨內走資本主義道路的當權派，而號召人民要把領導權奪回到無產階級革命之手中，已是圓滿的成功。如果「九大」再開，已不是奪權問題，應是酬庸而獎勵文化大革命成員，特別是林彪。現劉少奇奄奄一息之際，召開「九大」由林彪掌管軍權兵符兼國防部長，提升到副主席二號人物，「是毛澤東同志最親密的戰友接班人，並列入黨章。」，替代劉少奇，並可彈壓軍中元老們，實際上，林彪比誰都更可怕。

　　「九大」是一九六九年四月召開，會議地點乃仍選在林彪前任國防部長彭德懷遭整肅之廬山頗堪玩味。查彭德懷雖是粗人，但熱心直腸，而在軍中一路走來，打韓戰等與戰友同甘共苦，極具親和向心力。林彪則不同，他接部長職時，軍委會副主席兼秘書長是葉劍英，軍中之運作，升遷調佩，全盤操控。林彪當部長，實際是個臨時按插，況文化大革命時，葉劍英是林彪主要打擊之對象。

　　九全大會，黨章規定林彪是毛澤東的接班人，其實毛主席心有盤算，早預告不設置國家主席。江青是他老婆肝膽不二，不疑身邊有顆不定時炸彈，或睡著個赫魯曉夫。只有林彪是接班人身分，以假奉真，主設置國家主席。

　　一九七〇年八月二十三日至九月六日，在廬山召開第九屆二中全會，主要議題是修改中華人民共和國憲法。毛曾一直明言，不再設置國家主席，明人一看是在防林彪的一招。林彪及妻子葉群則力主設置主席，尤其後者對有志及此。

　　林認為一個國家不能無主，佯裝力勸毛澤東回任國家主席職位，毛曾堅拒數次。斯時，身為政治局五常務委員之的陳伯達，竟然也認為國家不能沒有元首，葉群、黃永勝等人則一致附和。

　　提到陳伯達是福建人，毛澤東之文膽，曾是大學教授，早年留學俄國。抗戰期中去延安，擅於寫作、宣傳，是毛澤東之「理論家」，其搞「人民公社」等新名湯，是他的創作，有「夫子」之雅號，在共產黨內迅速爬升第五位把手，其聲勢凌駕保皇人士陶鑄之上。

　　這次會議，討論應否置國家主席議題，突背向毛澤東，而附和葉群不是出於鄉情，就是見風轉舵。至葉群之政治慾，說白了，簡直是陳壁君加江青，其風騷潑辣有若江，但不如江青之名氣大。因僅她是二號人物林彪的妻子。難怪林彪在第一次盧山會議，不知出於何種動機，在棹上名牌上而寫字「我的妻子葉群絕對是處女。」，惹得聶元帥榮臻狠的嬉弄一翻，蓄有誡訓意涵，不是無緣的。

　　毛公潤芝先生，察覺由於林彪強置國家主席，其陽謀急著奪權意圖濃厚，其有大廟傾倒，火山爆發之虞。為預防堵，輕出「南巡」，向各軍頭，黨委：書記明為闡釋國家政策，實隱語暗示林彪欲錯置國家社稷，叛黨叛國，使之孤獨包抄。況有江青鷹眼集團滲自各個角落情資彙等翊助，林彪已知法網難脫，乃一不作，二不休擬在廣州打一場南北戰爭，可經過考慮廣東省委是楊尚昆（後當過國家主席）曾在文革時遭到林本人打壓，而作罷。

　　如此一來，林氏父子家人如「熱鍋上之螞蟻」，惶惶不可終日。為著要衝破毛澤東所佈之天羅地網，油然形成小艦隊對 B-52 的計畫。小艦隊是林彪的二十七歲兒子林立果，於一九七一年三月夥同

他空軍總部裡副處長級的青年同事周宇馳、于新野、李偉信等人，由于執筆、草擬了一份搞武裝政變的計畫叫「『五七一工程』紀要」，五七一諧音就武裝起義意。同時他們並組織了一個執行此計畫的小團體，名之曰「聯合艦隊」此名是林立果看日本電影由靈感得來。B-52 是毛澤東戰無不勝，攻無不克之意。（參唐德剛：毛澤東專政始末書第二百一十七頁）。

查林立果乳名老虎，是林彪、政治狂葉群的兒子，一九六五年以優等生卒業於北京大學物理系，即由林彪介紹給空軍令員吳法憲，任基層職員，第二年由吳介紹入黨，三年就擢升為司令部辦公室副主任，兼作戰部副部長。由於副統帥林彪的關係，司令員以下各領導，都對他奉承備至。因此軍中有溜口禪「一年兵、二年黨、三年副部長、四年太上皇。」

林立果是標準「高幹子弟」志大傲世，目空一切。這時父母為他尋偶，轟動全國，如同「選妃」最後找到一位絕代佳人，是文工團出身的張寧小姐。但他處世不知輕重，意想以小艦隊 VS・B-52 殺毛先生，簡直是奮螳臂以擋車輪，以蛋擊石了。

俗語：「嘴上無毛，辦事不牢」，果如政變或謀殺毛澤東成功，是陰溝裡翻船。須知，恨毛澤東要殺他的，何止百萬人上。當蔣介石先生，在委員長時，曾出天價銀元二十五萬元價格，獻其毛頭，都不可得。曾幾何時，坊間有溜口禪；戴翌可隨時殺毛澤東，現白花花的銀元擺在那裡，不知戴翌哪裡去了。

毛澤東一列系「南巡」，曾分別駐蹕上海等大都會，有召見文武百官，暗喻林彪將以不正常手段奪取國家政權之陰謀。消息一

出，立刻有馬屁人通報北京的總參黃永勝，黃又立刻轉報葉群、林彪，當然立果也立即得知。小艦隊 VS·B-52 老毛要開火了，但為慎重湊膚功，尚須老爸林彪下手令，可萬無一失。老爸即手令「盼照立果，宇馳同志傳達的命令辦！」果然「五七一工程紀要」原策畫人立果等就在上海動手扼殺毛澤東，而迥然讓毛澤東之專列車曳出火網，翌日九月十二日安全抵達北京。立果得知，大禍已成，林氏全家將慘遭滅門，並累及美人張寧！乃於是十二日深夜十時半從北戴河趕往山海關機場竄逃。出乎人意料之外的，竟是林彪和葉群的親生女兒林立衡（豆豆），因她母親平日騷辣外向，看不慣，加之與令弟觀念見解有異，所以致此。這在共產世界裡，林立衡真是有高度的馬克斯修養。

現是死裡逃生，顧不得一切，就在一九七一年九月十三日晨零時，從山海關空軍機場、於黑暗中，一機八男一女，未及帶有航員及足夠汽油，冒險起飛，剛飛不久，周恩來總理緊急呼叫，勸林彪回頭是岸。不到五十分鐘已穿越國界飛入外蒙，又在二時三十分，所駕之三叉飛機就墜毀在外蒙溫都爾汗。而機毀人亡，當周總理將事情始末報告毛公時說：「天要下雨，娘要嫁人，由他去吧！」

曾經顯赫，權傾一時的林副國家統帥，落得為此下場，大陸民運人士乃史學家；林前曾造神運動，現又叛黨叛國，罪該萬死。機墜人亡後，歐美曾盛傳，林彪在瑞士銀行存有私款美金四百萬元，不過尚需時日待證。再有一說，葉群完了，江青曾到她住處搜查，找出一具法國裝的陽具，江青醋性大發，平日暱稱如同姐妹，惟獨此事瞞著我！

第三節　伍豪啟事，周恩來臨危

　　江青、林彪借海瑞罷官，迎合君意，互相串通，大搞文革，造成十年文化浩劫，致一切因破壞，而倒退。

　　人事方面，總司令部主帥劉少奇已死，鄧小平已皈依，劉家集團成員及幹部，則均銷聲匿跡，中共中央鬩牆之鬥既弭，照理應是寰宇河清海晏。惟欲邁向「紅都女皇」的江青在一步之遙間，尚有一巨石堡壘——周恩來需剷除，目的方可達矣！其策略利用民國二十一年二月十六至一十一日，因國民黨心理戰，當時登載「伍豪等脫離共產黨啟事。(伍豪、周少山乃黨內熟知周恩來之化名)」，周伍豪名義在上海「時報」（號外）、「電報」、「時報新聞」，登載上述啟事。二十七日，中共黨刊「鬥爭」第四期刊出「伍豪啟事」闢謠，並於三月四日在「申報」刊登「巴和律師代表周少山緊要啟事」，欲掀起反周浪潮，而未得逞。

　　就為此事，江青、林彪曾於民國六十一年（一九七二），串通打擊過周恩來之舊事，再向毛澤東重提，翌年一月毛澤東批示「此事早就弄清；是國民黨，造謠污衊。」

　　林彪叛黨，墜機身亡後，江青則批林趁機擴張勢力，插手軍中，並向各單位傳遞信函，要求各有關人員起而效應。後追加批孔，毛澤東乃於六十三年一月十八日批發中央一九七四年第一號文件，轉發由江青主持選編之「林彪與孔孟之道（材料之一）。」大陸各地開始展開「批林批孔」運動，江青的「四人幫」於接過「批林批孔」

口號後，不經政治局討論，批准，輒發起大規模「批林批孔」運動大會，積極找尋發展自己的政治出路。稍後在報刊上大量載旗下寫作班子「梁效」、「池恆」、「梁思鼎」等之「大塊文章」實行不是在批林，而是假批孔、批宰相——周公、批「現代大儒」批「黨內的大儒」，最後把運動之矛頭直指中共副主席兼「國務院」總理周恩來。江青等人還又在評法批儒」浪潮中，大肆宣揚呂后、武則天，吹捧「女皇」、江青並聲言「共產主義也要女皇！」以「女皇」、「紅都女皇」自居，為自己倒周組閣著想，製造輿情。

毛澤東為此，恐怕「失控」，得悉江青計畫將在動員大會上批周之發言錄音發往全國，不予批准，並將之扣發，宣佈王、張、江、姚為「四人幫」，上述「四人幫」次序，按彼等當時在黨內之職務排列，王洪文以中共中央副主席居首，張春姚為中共攻治局黨務委員，餘二人為政治局委員，毛指出江青有當主席和操弄「組閣」之野心，並召集手下幹員，發出「放火燒荒」號召、企圖一舉擊倒軍中老幹部，六月，又在天津主持「評注批僑大會」。七月十七日，毛澤東以江青不受指揮，在中央政治局會議上批評「四人幫」攪幫派活動，毛澤東批評江青說「不要設兩個工廠，一個叫鋼鐵工廠、一個叫帽子工廠，動不動就人戴大帽子。」附左圖說明，取材自20 世紀中國全記錄：

「批林批孔」展開．矛頭直指周恩來

1 月 18 日中共軍委主席毛澤東今日發表中共中央本年一號文件，轉發由江青主持選編的「林彪與孔孟之道」（材料之一），大陸各地開始了「批林批孔」運動。本月 24 日和 25 日，江青等在北京

連續召開在北京部隊單位、中直機關及國家機關萬人「批林批孔」動員大會，在會上發表演說，把矛頭指向中共總理周恩來。後來江青以個人名義，給海軍、空軍、南京部隊、廣州部隊負責人寫信，自詡為「放火燒荒」。不久在江青、康生、張春橋、姚文元操縱指揮下，報刊上大量刊載署名「梁效」、「也恒」、「羅恩鼎」等的文章，批宰相、批周公、批現代化的大儒。江青更露骨地說，這次運動的重點是批「黨內的大儒」。他們還大肆宣揚「儒法鬥爭」，影射中共黨內鬥爭。

　　畫村展開批林批孔。

　　部隊炊事班也起來批林批孔。

　　並當眾宣布「她並不代表我，她代表她自己。」還批評「上海幫」王洪文、張春橋、姚文元說「她算「上海幫」吧！你們要注意，是毛澤東第一次提出「四人幫」的問題：十月、「四人幫」阻撓鄧小平出任「國務院」第一副總理失敗（周恩來患上癌症），就在一九四七年之七月江青利用毛澤東翻譯王海容、唐聞生作為向毛澤東「告狀」之渠道，因毛澤東晚年沒有與江青一起生活、江青見毛澤東，要一如其他同志一樣須經過登記手續。十一月十二日，毛澤東在江青一封信上親筆批示：不要多露面，不要批文件，不要由妳組閣（當後台老闆），妳積怨甚多，要團結多數。至囑。十九日，江青上書毛澤東，略云「我愧對主席的期望，因我缺自知之明，自我欣賞，頭腦昏昏，對客觀現實不能唯物的正確對待，對自己也就不能恰當的一分為二的分析。一些咄咄悟事，觸目驚心，使我悚然警悟。……自九大以後，我基本上是閑人，沒有分配我什麼工作，目

前更甚。」毛澤東答以「你的戰務就是研究國內外動態，這已是大任務了。此事我對你說了多次，不要說沒有工作。此囑。」江青不聽告誡，托王海容、唐聞生帶口訊給毛澤東，提出由王洪文任四屆「人大」副委員長，毛澤東聽後，指出「江青有野心，她是想王洪文作委員長，她自己作黨主席！」

第十二章

夫妻失和

第一節　江青意氣風發，而夫妻失和

　　在批林……未批孔、批宰相、批周公，再重攬（伍豪）周恩來事件前。時江青意氣風發正紅，例一九七二年二月美國總統尼克森來華訪問中共，臨別前，特邀尼克森總統伉儷觀賞專案表演節目：

　　如圖示：江青以元首夫人兼代元首身分與國務總理周恩來（左二）陪伴。下圖是一九七三年江青在中共「十大」主席台上，右為張春橋。

　　可是政情演變到民國六十四年（一九七五）毛澤東深覺內部奪權鬥爭嚴重。乃於一月五日建議中共中央任命鄧小平為中央軍委會副主席兼人民解放總參謀長，主席仍是毛本人、張春橋為中國人民解放軍總政治部主任，朱德連任四屆「人大」委員長，董必武、宋慶齡、康生等二十二人任副委員長（王洪文不與焉）。大會任命周恩來為「國務院」總理，鄧小平、張春等十二人為副總理，葉劍英為國防部部長，平衡政爭，令「四人幫」組閣夢落空。

　　這次，六十四年人事按排毛澤東對周恩來態勢與一九五八年，二五計畫時兩樣情：二五計畫是周恩來搞經濟建設，要實事求是，按部就班，不能跑步，也不能跳遠。而毛主席是沉溺於體育的，一再向周恩來嗆聲，二五計畫目標太小，速度太慢，周恩來有點不耐煩了，認毛是外行在領導內外，因那時毛澤東之絕對權威道尚未建立。結果成了國「反前進」，毛是「反反前進」，二人時在糾纏、周一再退讓，毛是一再尾追不捨。到一九五八年一月，毛在南寧召集部份中央領導，和西南各省市工作會議時，周因遲到，毛打算乘機逼周辭職，而以上海市長柯慶施代周為國務總理。

　　因此，早在八大期間，黨內高幹曾戲說如何淡化毛主席之獨裁形象。因為按照開國以後慣例，在公共集會場所，凡毛主席出現時，大家照例起立，鼓掌歡迎。此時大家為廢除此一形勢主義，全都同意了。周總理曾加一句戲言，說，「以後有誰見到主席要起立鼓掌、我就不分他戲票。」因當時北京每有傑出的戲曲表演，高級幹部和民主人士的戲票，照例由國務院總籌分發。所以周恩來有此戲言。想不到事隔兩年，在此次南寧會議時，毛竟在大會上，取出柯慶施所寫的論文（乘風破浪，加速建設社會主義的新上海）給周看。並當眾觀問周道：恩來，你是總理，這篇文章，你寫不寫得出來？上海有一百萬無產階級，又是資產階級集中的地方、工業總產值佔全國五分之一，歷史最久，階級鬥爭最尖銳，這樣的地方才能產生這樣的文章。

　　自後，毛在大會上厲聲嚴詞：所謂「反冒進」，就是反革命，和反馬克斯主義，周已深知毛的用意，然盡力容忍，不表態、自動

請辭。事後親撰書，自我批評，深責自己「反冒進」之錯誤。直至同年六月九日政治局會議上，周始在會中委婉自陳「請考慮本人是否適當繼續擔任國務總理？」經眾一致挽留，「罷相」危機，始告一段落。但此後周恩來遇事及表意見，就比較慎重了許多。（事見一九九九年，河南人民出版社出版，李東明、任貴祥主編之〈實事求是與反前進〉，《細說周恩來》。）

　　周恩來是才子，其為人也，優容、尊上、謙下。自開國之初就與毛澤東一為主，二為輔，為中國之革命，都是鞠躬盡瘁。是過河卒子，只有向前拚命，死而後已。

　　毛澤東精於計算，遇事果敢厲害，再翊輔以周恩來，而建立了今日之中華人民共和國。例如一九五七年七月一日，周恩來曾訪問蘇聯批評「赫魯曉夫，在處理史太林問題上是錯誤，尤其在處理兄弟黨國問題，蘇聯充分表現其大國沙文主義：赫魯曉夫怒不可遏，當著東歐兄弟國家之領導人，粗魯的對周恩來反駁；我是出身工人階級，你卻出身資產階級，周恩來從容委婉回報，我們都背叛了自己的階級。又一九六五年二月，柯西金總理訪問越南，來回兩次都過境北京，周恩來都有到機場迎送，並與他舉行了五次接觸性會談。兩人談到美國在越南的侵略戰爭，周恩來向柯西金表明我國在軍事行動上的立場，並且陪同毛澤東會見了柯西金一行。毛澤東說：你們兩個總理總在打仗，而且看來柯西金總打勝仗。柯西金說：像周恩來這樣的同志是無法戰勝的，全世界都說周恩來同志是最偉大的政治家。（以上二事，前面曾有提過。周恩來之才氣縱橫在國際外交上，已表現得極致）。

　　毛、周二氏彼此頡頏，既合作、又暗鬥。毛澤東是鬥爭專家，從不懈志。周恩來就因戲言、惹得窮追不捨，要以上海市長柯慶施將總理擋掉，周恩來始終耿之於懷。所以民國六十四年（一九七五）之人事按排，是澤東剛性之俯撫，曲全，同時也是經驗「務實派」首領周恩來之一大勝利。毛澤東時年已是八十有三歲（一八九三－一九七六）了，老態龍鍾，鬥爭武微，周恩來真的是不可侮也。

第二節　周恩來轉危為安

「批林批孔」展開・矛頭直指周恩來

1.18　中共軍委主席毛澤東今日發表中共中央本年1號文件，轉發由江青主持選編的「林彪與孔孟之道」（材料之一），大陸各地開始了「批林批孔」運動。本月24日和25日，江青等在北京連續召開在北京部隊單位、中直機關及國家機關萬人「批林批孔」動員大會，在會上發表演說，把矛頭指向中共總理周恩來。後來江青以個人名義，給海軍、空軍、南京部隊、廣州部隊負責人寫信，自詡爲「放火燒荒」。不久在江青、康生、張春橋、姚文元操縱指揮下，報刊上大量刊載署名「梁效」、「池恆」、「羅恩鼎」等的文章，批宰相、批周公、批現代化的大儒。江青更露骨地說，這次運動的重點是批「黨內的大儒」。他們還大肆宣揚「儒法鬥爭」，影射中共黨內鬥爭。

展柯展開批林批孔。

邱隊炊事班也起來批林批孔。

　　但江青是不解人意，還是「女皇」夢沖昏了頭，她仍執著向毛澤東讒言；二月間江青、張天民所編之「創業」電影認有政治及藝術上之嚴重問題，並授意于會冰等人控造「創業」十大罪狀。影射攻訐周恩來、鄧小平等老幹部有陰謀「架空毛主席」，公安部部長華國鋒得悉即向毛澤東報告。其內容江青要求在會議上播出彼等之談話錄音，印發講話稿，毛澤東聞悉則批示「此片無大錯誤，建議通過發行。不要求全責備。而且罪名有十條之多，太過分了，不利調整黨內的文藝政策。」

　　康生（江青諸城小學之恩師）知「四人幫」形勢不妙，又因軍權穩操老師葉劍英之手，為求自保，在病中，秘密派人向周恩來表示支持批判「四人幫」，並揭發江青過去之史實，討好務實派。結果為自保而不保，就於是年十二月，極短的歲月中病逝。

　　後來周恩來病危，於一九七五年六月一日進住三〇五醫院，緊急就醫，到他病房探視密謀問計的老同志有朱德、葉劍英、鄧小平，還有李先念等，是日以繼夜絡繹不絕。有怒不可止的抱怨，如老元帥朱德對「四人幫」急於組閣，奪權。全黨惶惶，很不服氣的說，只要毛主席一鬆口，總理大位就是狗頭軍師張春橋的了。並還說了一些渾話，張春橋憑什麼資格來組閣，論打仗，他不如胖子（許世友），論陰謀詭計，他不如禿子（林彪），論資歷他不如本人老子（朱德自己）憑什麼組閣？

　　周雖病入膏肓，痾瘰在抱，和他們秘密策劃，如何抵制「四人幫」奪權，及如何應付毛主席的指示。

　　毛婆江青為要登上「女皇」寶座，迭經多次挫折，政治風險，但憑與毛夫有閨房私情，終生不忘，罔顧丈夫毛澤東已長時與之

分居，多次對其招惹行為告誡及批示，江仍緬懷過去，以為一切政治安排，都是表面文章。

　　事到如今，尚不知今夕是何夕。滿朝元老均將蠟燭成灰，攸關政治都在拼命的最後一搏。毛主席就是有意把政權交給江青，免得身邊睡著個赫魯曉夫，不是不為也，是不能了。

　　天喪斯人也，民國六十五年（一九七六）一月八日，周恩來撒手西歸。江青竟在舉國悼周公之痛，趕黨內闖牆橫刀直飛之危，膽敢另搞一套，私自召集十二個省，自治區負責人開會，乘虛攻擊鄧小平，其實鄧小平，是毛主席獲悉周恩來病入膏肓，為意中所安排資格接班人選。

　　江青在會議上大言不慚，自我膨脹：「有說我是武則天，有人又說是呂后，我不勝榮幸之至，武則天協助她丈夫辦理國事，這樣鍛鍊了才幹；呂后是個沒有戴帽子的皇帝，實權在她手裡。」四月初，北京數十萬群眾不顧重重禁令，自發性的湧往天安門廣場「人民英雄紀念碑」周圍，藉著獻花，張貼標語，朗誦詩詞，發表演說悼念「人民的總理」周恩來，聲討「四人幫」之倒行逆施。四日，正值清明，悼周活動到達高潮。而晚間，中央政治局召開會議：「四人幫」力主武力鎮壓，經過討論後認為是「反革命煽動群眾，藉此反對主席、反對中央、干預、破壞鬥爭的大方向」，是反革命性的反撲。結果決定當晚開始，清理花圈，標語，和抓「反革命份子」，經報告病中之毛主席獲得批准。五日，群集天安門廣場之群眾，採取抗議行動：「還我花圈，還我戰友」等口號，結果被視為「反革命事件」，受到軍警，民兵殘酷鎮壓，數百人被捕。八日，「人民日報」發表「四人幫」炮製之「天安門廣場的反

革命政治事件報導，將事件說成為「有預謀，有計畫，，有組織地製造反革命政治事件」，並將責任歸咎於「務實派」鄧小平身上。同日也公布了中共中央政治局之決議：「中共中央政治局認發生在天安門廣場之反革命事件和鄧小平最近的表現，以及問題的性質，已經變為對抗的矛盾。根據偉大領袖毛主席提議，政治局一致通過，撤銷鄧小平黨內外一切職務，但保留黨籍（因原毛意中之接班人），以觀後效。」，八月，江青等人擅自決定印發三個文件：「論全黨全國各項工作的總綱」「關於加快工業發展的若干問題」和「關於科技工作的幾個問題」將此等三大文件、誣之為「三株大毒草」，稱「鄧小平為修正主義綱領的產物」，並發動批判。詎，九月九日，毛澤東去世，生前奮告誡江青云「妳樹敵太多，我死了以後，看妳怎麼辦？」仍然惦念著。然為平衡各方面相互間之傾軋，衝突及身後著想，毛主席在耄耋之年，仍睿智，知人善任，乃欽定「『你辦事，我放心』，『凡事派』（yes man）」。華國鋒代公之遺缺為國務總理。華國鋒山西交城人，時年五十五歲，基層小幹部出身，忠厚又無心機，受教不多，四十年代在山西入黨。因積勞累升至毛主席家鄉湖潭地委，和湖南省委書記。毛公返鄉時服務周到，為毛主席所賞識。文革期間，奉詞入中央工作，並連選為第九、十兩屆中央委員，再遞升為政治局成員，而贏享有現職。華國鋒承命接任總理，不特主席放心。「四人幫」雖難免有嫉忌，主席有面授機宜，過大事，可向江青「請教」然也徹底放心了。

　　江青輩所最戒懼者，是周鄧等久踞權力中樞之元老也，可對此農村小吏出身之新總理，自信可以頤指氣使也。葉帥與陳雲等老幹部，對華也十分放心，因為他忠厚老實，而經驗不足，遇事，必謹

慎自恃，並有所依仗也。從此退場，可過著一種安逸清新之生活。全國同胞和黨員，乃至曾為對毛澤東卸裝之御醫李志綏及中下層人民，甚至海外華僑久為政爭感到厭煩，也人心渴望思變為治。都被華國鋒之面目忠實純樸形象感召，覺得祖國中樞領導，慶幸得人。

　　就在這年（一九七六）九月十一日，也毛澤東死後之第三天，「四人幫」因奪權企慾所驅使，王洪文立刻離開中央辦公廳，值班室而在中南海，另設值班室，並通知各省、市、自治區有事均應及時向彼等報。冀圖取代中央之領導。十八日下午三時北京「天安門廣場」上有百萬多群眾舉行追悼毛澤東大會，而由王洪文主持，華國鋒致悼詞。江青致花園，輓聯上下款「沉痛悼念崇敬的偉大導師毛澤東主席」、「您的學生、戰友江青暨……敬獻」，十月四日，「光明日報」登載「四人幫」喉舌「梁效」之長篇文章「永遠按毛主席的既定方針辦」，偽造所謂「按既定針辦」之偉大領袖毛主席之「臨終吩咐」，影射攻擊華國鋒等黨和國家領導人為「修正主義頭子」。人算不如天算，毛公生前之託孤，看華國鋒純樸、忠厚、渾渾然為人不二，因居要津，被權力慾所驅使，內中都充滿心機，絕非是諸葛亮。因既無班底；又缺實力，只得靠實力派撐腰，而他所靠的，不是　左派「四人幫」，而是經驗，實力派鄧小平，葉劍英等。鄧小平在接受義大利記者法拉茜訪問時說；「江青是個十分陰毒的女人。如果要用等級來給她評分，那麼，她就是負數一千再乘一千！」，華國鋒就在這種氣氛，周遭環伺下，迎合眾議，下狠招，於十月六日凌晨，將王洪文、張春橋、江青、姚文元等「四人幫」，於北京「釣魚台國賓館」逮捕。江青被逮時，大吵大嚷：「主席屍

骨未寒，你們就……。」四人被逮後，受到隔離審查，至是「文革」帶來之「十年浩劫」正式結束。八日，中共中央「人大常委會」、「國務院」、中央軍委會作出建立「毛主席紀念堂」之決定，遺體由遺體保護科研領導小組進行防腐工作（毛澤東生前希望火化，周恩來、朱德已照意願火化了），結果死後「任人擺布」），二十一日，郭沫若（鼎堂），調寄「水調歌頭」（粉碎「四人幫」，其上闋云）「大快人心事，揪出「四人幫」。政治流氓文痞，狗頭軍事張。還有精生白骨，自比則天武后，鐵掃帚兩黨。篡黨奪權，「枕夢黃梁。」十一月二十四日，「毛主席紀念堂」奠基儀式在「天安門廣場」舉行，奠基儀式由吳德主持，華國鋒發表重要講話，並親自為紀念堂基石培土。十二月，中共中央下發「王、張、江、姚反黨集團罪證（材料之一），揭露「四人幫」企圖篡黨奪權，復辟資本主義之罪行。六十六年七月，中共十屆三中全會一致通「關於王洪文、張春橋、江青、姚文元反黨集團的決議」，決議永遠開除王、張、江、姚黨籍，撤銷其黨內外一切職務；八月二十九日「毛澤東紀念堂」落成，安放毛澤東遺體之水晶棺（用十噸一級海南島水晶礦冶煉而成）移入紀念堂入內。九月九日，北京萬人集會，隆重舉行毛澤東逝世一週年及「毛主席紀念堂」落成典禮（至七十九年止，入內參觀、瞻仰遺容入數逾五千六百萬人次）。六十八年五月，中共中央正式通知撤銷「林彪同志委託江青同志召開的部隊文藝工作座談紀要」。

六十八年（一九七九）十一月二十日，最高人民法院院長江華兼特別法庭庭長，副庭長黃玉昆公審林彪、江青反黨集團十名主犯江青、張春橋、姚文元、王洪文、陳伯達、黃永勝、吳法憲、李作

鵬、邱會作、江騰蛟，最高人民檢察院檢察長黃火青，而在特別檢
察廳起訴書中列舉上述兩反黨集團四大罪狀：依刑法第四十八條罪
行，主犯林彪、康生、謝富治、葉群、林立果、周宗馳等已經死亡，
按照刑事訴訟法規定，不再追究刑事責任。開庭時，有八百八十名
代表出席旁聽，電視台、「人民廣播電台」即時實地播送有關審訊情
況，江華庭長宣布，對本案十名被告人，將由第一、二審判庭分別進
行審理。二十六，第一審判庭首次提審江青，而江青態度高傲，氣焰
囂張，以毛主席作為擋箭牌、說身符，力言：「我是毛主席的好學生、
好戰士」、「我和毛主席共患難三十八年」、「在前線，唯一留在毛主
席身邊的只有我一個女同志」、「審判我等於審判毛主席」、「逮捕我、
審判我就是醜化毛主席」、「我是執行、捍衛毛主席的無產階級文化
大革命路線的戰士」、「毛主席指到那裡，我就打到哪裡」、「我是毛
主席的一條狗，他叫我咬誰，我就咬誰」。江青多次置庭長之阻止於
不顧，振振有詞，大罵鄧小平是「法西斯蒂分子」、「反革命修正主
義」、「反毛主席革命路線的反革命集團頭頭」，聲稱：「我反對鄧小
平，就是執行毛主席的革命指示！」十二月二十三日，第一審判庭
全部結束對江青、陳伯達等五被告犯罪事實之庭審調查，二十九日，
第一審判庭結束對江青、陳伯達等五被告犯罪事實之法庭辯論。

　　七十年一月二十五日，最高人民法院特別法庭「法特字」第一
號判決書，認定林彪、江青反革命集團案之十主犯俱犯有「中華人
民共和國刑法」第九十八條組織、領導反革命集團罪，第九十二條
陰謀顛覆政府罪，第一百零二條反革命宣傳煽動罪，第一百三十八
條誣告陷害罪（罪犯張春橋並犯有第九十三條策動武裝叛亂罪），

法庭判處「四人幫」江青、張春橋死刑，緩期兩年執行，剝奪政治權利終身，判處王洪文無期徒刑，剝奪政灌利終身，判處姚文元有期徒刑二十年，剝奪政治權利五年，江青等十人於宣判後，立即由庭警押上囚車，駛往距離北京三十哩之「秦城監獄」服刑，服刑期間，一直沒有悔改，不承認有錯，江青得以倒行逆施，誰實為之？孰令致之？人人心中有數，由於中共不敢「批毛」，不少有人指「四人幫」其實是「五人幫」，一旦「批毛」，會加速人民對中國共產黨、共產主義之「三信」（信仰、信心、信任）危機」，投鼠忌器，獄中之江青衣食起居，盡受優待。七十二年一月二十五日，最高人民法院依「中華人民共和國刑事訴訟法」規定，組成刑事審判庭，由副院長王懷安任審判長，對江青、張春橋在死刑緩期執行期間之表現，進行審查，查明罪犯江青、張春橋在死刑緩期執行期間，無抗拒改造惡劣情節，依照「中華人民共和國刑法」第四十六條之規定，並經最高人民法院審判委員會第一七二次會議決定，作出如下裁定：「對原判處罪犯江青、張春橋死刑緩期二年執行減為無期徒刑，原判處剝奪政治權利終身不變。」，五月四日，獲准保外就醫（即保護外出就醫）。二十二天後「新華社」北京六日電；中共對江青保外就醫事一直對外保密，有關部門答覆記者查問時，發布假消息，始：1.七十七年二月九日，司法部新聞發言人魯堅發表聲明：「江青仍依法在獄中服刑，現在有傳聞說江青病了，出來與女鬼住在一起，這完全是沒有根據的。江青的身體健康狀況正常，只是年紀大了，有些老年病。」，2.中國司法部本日也否認有關毛澤東遺孀江青因病獲釋出獄的報導。同時司部一位發言人答覆外國記者詢問時說：「中國青年」報導，江青已獲釋、正在一家「有守衛的」

醫院，醫治喉癌，官員們不停的予以否認。當問到江青的下落時說：
「江青現仍在獄」。3.「全國人大新聞發言人曾濤在七屆人大首次
舉行的新聞發布會上稱：『王洪文、江青、張春橋、姚文元仍在獄
中服刑。張春橋、江青現患老年性疾病，但已得到正常的治療。』
一見北京七十七年三月二十四日「中新社」。4.「日本『共同社』
引述國務院發言人袁木說『毛澤東的遺孀江青已病倒，並離開監獄
接受治療。』」。5.八十年四月四日香港「星島日報」：「據『中通社』
北京消息：據十年前主持公審林彪、江青集團特別法庭副庭長黃王
昆最近透露，『四人幫』現在關在獄中，江青的身體比以前還好。」

　　八十年六月初，美國「時代（Time）週刊第二十三期報導江青
已於上月即五月十四日凌晨在北京其女李訥寓所自殺身亡，中共司
法部、外交部對外來查詢，一說「正調查」，一說「不知道」，消息
被封鎖二十二天後，六月四日，始由「新華社」及低調方式，發出
一則百餘字之江青死訊，略云：「本報記者獲悉，林彪，江青反革
命集團案主犯江青在保外就醫期間，於一九九一年五月十四日凌
晨，在北京她的居住地自殺身亡。」，至是其死因是自殺確定，主
要是由於病痛難忍和精神空虛，以致絕望。

第三節　鄧小平的大起大落

　　鄧小平一九〇四年八月二十二日生於四川廣安，高中畢業後，
進入重慶的中學，後參加法國留學考試及格，由上海乘貨輪抵達馬

賽，在法國西北角讀中學，學費不靠父親寄錢，進而半工半讀，在法國雷諾汽車工廠工作。在學時參加共青團各項活動。一九二六年夥同二十各同志乘火車離開法國赴莫斯科東方大學，並通過審查符合共產黨員資格，而後再入莫斯科中山大學。學成回國途經外蒙古，四川等地。因鄧小平為共產黨員，馮玉禪延聘為馮部政治教官。一九三一年七月赴江西，自此與毛澤東同甘共苦。因革命思想路線與毛澤東相吻合，當毛澤東在黨內受到張聞天等人批判時，往往將毛鄧打成集團。一九三七年（民國二十六年）在延安時國共談判，國府將中共編為八路軍，黨中央任命鄧小平為八路軍政治部副主住。一九四五年八月二十三日蔣、毛在重慶進行和平談判，鄧小平作毛澤東最有力之後盾。一九四八年六月六日鄧起草有土地改革的文件，受到毛的讚賞。一九四九年十月一日中華人民共和國創立。十二月八日，鄧小平攻入重慶為首任市長，逼國民黨政府遷往台北。一九五五年當選為政治局委員。一九五七年毛赴莫斯科共產大會，鄧任副團長。

　　一九五九年大躍進反右傾機會主義時避免批彭、而與毛漸行漸遠，一九六一年視察北京郊區人民公社後，主張改進。一九六二年參加劉少奇所響起之「西樓會議」接受當前國家經濟達崩潰之邊緣論。一九六六年二月五日簽發「五人小組匯報」。一九六八年遷禁於中南海住宅。一九六九年十月二十日下放江西。一九七〇年軟禁於江西新建縣，半工半談思想改造。

　　一九七一年發生林彪事件，有再起的機會，兩度寫信給毛悔過，毛批示「鄧」應與劉少奇加以區別。一九七三年二月二十日鄧及其家人離開江西回北京，三月二十日，中共中央決定恢復鄧小平組織生活和國務院副總理職務。

　　鄧小平由毛拉拔、修理，最後不得不拉攏。鄧小平為四川人氏有牛脾氣，幸已東山再起，理應好自為之，然不計後果竟與毛主席接班人江青鬧憋忸，國務院總周恩來已去世，按理應由副總理鄧小平遞充，奈何鄧小平是「務實派」中的「務實派」，依然故我。其實這時毛主席左右為難，這廂為宮廷派與江青鬧翻，那邊是周恩來死後，鄧小平是為一反江青「四人幫」集團，元老之所寄：實力絕不可小覷。毛澤東處此情況之下，時不我予，氣不多，不容再縱橫姿行。為了移花接木，只得選他親手培植而比較單純，沒有政客污染，易為雙方接受之華國鋒來代理總理穩定政局（To shabilite the situaticn）。

　　毛澤東常耳提面命，華國鋒也唯命是從，一般是人都稱華國鋒「為凡事派（yes man）。」毛澤東在臨終前曾私下口傳華國鋒「若有重大問題可請教江青」。結果為了出現赫魯曉夫，而赫魯曉夫意是防止赫魯曉夫的人。這說明了人類的弱點抵不過權力之誘惑。華國鋒為掌屋政權，需有實力派支持，才能繼維護。毛澤東於一九七六年九月九日去世，華國鋒就於一九七六年十月六日，還不到一個月將江青「四人幫」全部一網打盡而成階下囚。華國鋒變成不是「凡事派」而是「務實派」了。鄧小平則為實力派元老之姿簇擁復出，首任全國政內主席。

　　鄧小平其實是毛澤東的追隨者，鄧小平身高不滿七尺，卻心雄萬丈，風流瀟灑天下。所謂瀟灑天下，在一九七九年二月曾赴美密會卡特總統，幾經折衝樽俎，美國擊敗蘇聯在亞洲最堅強的盟友。所謂風流在一九八二年九月二十四日英國首相柴啟爾夫人自倫敦

專程來北京會晤鄧小平，商討香港問題。柴啟爾夫人那天特意穿長統馬靴，裝束艷麗。二人促膝而談，會談內容大意為中英兩國關係極為良好，可不必急著移交。鄧小平先生抽出煙捲吸了幾口，放蕩不羈的說「那對人民怎麼交待」。鄧小平提出保證，香港、台灣回歸祖國，政治制度五十年不變。若溯及源頭，國父孫中山先生二次革命期間之一國兩府就有其制度。

所謂身高不滿七尺，而心雄萬丈，用人五湖四海，如論語重仁篇，子曰：「君子於天下也，無適也，無莫也，義之與比。」就連他外公室主任王瑞林上將的身高就多他一截。

西方資本主義，以大眾媒體為導向的政府動向，眼見鄧小平的經濟開放，設立了若干經濟特區，發生了龍頭作用，先讓一些人富起來；西方國家為擴大市場投資，則奉承鄧小平的資本主義，除對六四天安門事件感到不滿外，鄧小平已不再是毛澤東的獨裁專制時代，所以《時代》週刊於一九八五年第二度推選鄧小平平為「風雲人物」。

事實證明鄧是正確的。一旦國內政治危機得以控制，鄧對布希政府稍表歉意之後，布希立即轉憤怒為同情，當年年底秘密派遣兩位私人特使秘密來訪，與鄧會晤。隨後接踵而來的則有日本首相海部，英國首相梅杰，美國國務卿貝克等等。

現國際正流傳著中國威脅論，特別是美國。中國之崛起，乃採孫子兵法，不戰而屈人之兵。中國自古以來向是敦親睦鄰，從未有侵犯他國之史實。籲君子大度之國，一起來共襄世界和平。

第四節　月旦評

33 Two Tyrants Wrestle
(1949–50; age 55–56)

MAO'S paramount requirement from Stalin was help to build a world-class war machine, and turn China into a global power. The key to this was not how many weapons Stalin would provide, but the technology and infrastructure to manufacture armaments in China. At the time, China's ordnance factories could only produce small arms. If Mao was to move at the tempo he desired – faster than Japan had done when building up an advanced arms industry from scratch in the nineteenth century – he needed foreign assistance. And Stalin was not just Mao's best bet; he was his only bet. The Cold War had recently begun. There was no way the West could possibly help him achieve his goals without him changing the nature of his regime, which was out of the question.

But Mao had a problem: he needed to persuade Stalin that his ambitions were manageable from Stalin's own perspective. So he made ostentatious demonstrations of loyalty, lavishing praise on Stalin to the Master's top envoy Mikoyan, and putting on an act for his liaison man Kovalev. The latter reported to Stalin that Mao once 'sprang up, raised his arms and cried out three times: "May Stalin live ten thousand years."' Along with the froth, Mao offered something very substantial – to cut China's ties with the West. 'We would be glad if all the embassies of capitalist countries got out of China for good,' Mao told Kovalev.

This attitude was also motivated by domestic concerns. 'Recognition would facilitate subversive activities [by] the USA and Britain,' Mao told Mikoyan on 31 January 1949. He feared that any Western presence at all would embolden liberals and give his opponents an opening, however slight. So he battened down the hatches, imposing a policy he called 'cleaning house before inviting guests'. 'Cleaning house' was a euphemism for drastic, bloody purges and the installation of an

32 Rivalry with Stalin
(1947–49; age 53–55)

EVEN before he conquered China, Mao had set his sights on the wider world. He started to get active as soon as victory hove in sight in the civil war.

Mao hoped to repeat the huge PR success he had had with Edgar Snow and *Red Star Over China*, a success which was unique for the Communist world. But Snow had meanwhile been banned by Moscow, and so Mao had to fall back on a second-rate American journalist called Anna Louise Strong, who had nothing like Snow's influence globally, and was generally perceived as a lackey.

In 1947, Mao sent Strong on a world tour to promote himself. She was given documents that Mao told her to pass 'to the world Communist parties'. He particularly wanted her to 'show them to Party leaders in the United States and Eastern Europe', adding pointedly that he 'did not think it was necessary for her to take them to Moscow'.★

Strong duly churned out an article called 'The Thought of Mao Tse-tung', and a book called *Dawn Out of China*. They contained encomia like the claim that Mao's 'great work has been to change Marxism from a European to an Asiatic form . . . On every kind of problem . . . in ways of which neither Marx nor Lenin could dream': that 'all Asia will learn from [China] more than they will learn from the USSR'; and that Mao's works 'highly likely influenced the later forms of government in parts of post–war Europe'. These claims trod hard on Stalin's toes. Not surprisingly, publication of her book was stonewalled in Russia, and the US CP demanded that half the book

---

★ In America, the CCP had its own people operating inside the US Communist Party, and a powerful intelligence network with access to information unavailable to the Russians. When Moscow denounced US CP head Earl Browder, an old China hand, whose secret 'China Bureau' had close links to Mao, Mao had very publicly continued to call him 'comrade'.

Undermining Khrushchev (1956–59)

Mao flew off to Moscow on 2 November 1957 for the Communist summit, having decided to be cooperative so as to get what he wanted out of Khrushchev, while at the same time to try to place himself on the map of the Communist camp as Khrushchev's equal, even superior. The summit, the biggest of its kind ever, was attended by leaders of 64 Communist and friendly parties, among which 12 of the Communist parties were in power. Just before leaving Peking, Mao floated to the Russians the idea of the final declaration being signed only by himself and them.

Mao did not quite bring this off, but China was the sole co-drafter, with the Russians, of the final declaration, and Mao himself was accorded special treatment in Moscow, being the only foreign leader put up in the Kremlin, where everything was arranged to his taste, with a large wooden bed, and the toilet turned into a squat one, by making a platform on the seat. At the ceremony on the eve of the anniversary of the Bolshevik Revolution, Mao and Khrushchev appeared hand in hand. At parades on Gorky Street and Red Square people waved Chinese flags, and shouted 'Long live Mao and China!'

Mao's great asset in his drive for equal status with Russia was China's manpower. A Muscovite said to a top Finnish Communist at the time: 'We don't need to be afraid of America any more. The Chinese army and our friendship with China have altered the whole world situation, and America can't do a thing about it.' And it was the asset Mao himself promoted while he was in Moscow. There, he totted up to Khrushchev how many army divisions each country could raise, based on its population. China outnumbered Russia and all its other allies combined by two to one. Immediately after returning from Moscow, Mao definitively rejected birth control for China, a policy on which the regime had earlier kept a fairly open mind.

As a way of showing that he was equal to his Russian host and above the rest of the participants, Mao brushed away the conference standing order that every speaker must provide an advance text, saying: 'I have no text. I want to be able to speak freely.' He did indeed eschew a written text, but he had prepared his seemingly off-the-cuff speeches with intense care. Before entering the conference hall, Mao was in a state of super-concentration, so intensely focused that when his Chinese interpreter moved to button up his collar as they were waiting for the lift, Mao seemed totally oblivious of what his aide was doing.

Mao was also the only person to speak sitting down, from his seat. He said he had been 'sick in the head'. This, as the Yugoslav ambassador wryly put it, 'came as a surprise to the majority of those present'.

Mao talked about war and death with a gross, even flippant, indifference to human suffering:

諸位學者、專家、先進對毛澤東的論述，書有記，傳有載。筆者才疏學淺，本不應，然我覺得各位賢達，先進所譯的毛澤東只是他部份的史實。因此，我願寫出一個全面真正的毛澤東（I will write out a true chairmam, Moo tse-tung）。

唐德剛是明史學教授、大師級的人物，在他的「毛澤東專政始末。」第一三三五頁有放這樣的記載，茲約言之如下；

> 七月盛夏，河南大平原上，驕陽似火，可是蝗蟲一來，頓時天昏地暗，月色無光。這些蝗蟲，似乎有個繼司令，如碰到綠油油的農作物，總可令一聲令下，萬千小卒頓時落下，只聽稻穀田內一片瑟瑟之聲，群蟲爭食。十分鐘之後立刻起飛，剩下的稻穀園，只見斷垣殘壁，一片荒蕪。有位農村老大娘，手持一臉盆、坐地啼哭，原以為可嚇走蝗蟲，誰知蝗蟲根本不理。她哭著向我們訴說：「俺叫牠螞蚱爺，牠還是要吃俺的禾稼。」誠問，這是是毛澤東所講的「破四舊」之一的舊習？

另攸關湖南一地區之記載；

> 抗戰期間，筆者（唐）於一九三九年，高中畢業後，曾與同班同學三人，結伴，從湘西的永綏縣，舉行往乾城郊的所里鎮，參加全國各大學統一招生考試，循傳統驛道，翻越崇山岐嶺南向走去，中途見路旁一木牌，上書「疫瘟地區，禁止迫行」。但是我們四個外省青年（安

微），不認得第二條路，加上年輕，又要趕路，就不顧一切繼續前進，來到一居民數十家的小鎮，時值盛夏，家家戶戶都門窗四敞大亮：竟然發現每室都有死人，有的還在半死狀態，痛苦的呻吟叫著，簡直是個鬼城。其中有一家「四口五屍」、才知道是鼠疫流行，全鎮居民死光光，就連過客也難逃一死。

　　四年後、康先生大學畢業了，與安徽同鄉七、八人回安徽去「上學」：一日清晨，忽有一陣煙霧，大家大喊「蝗蟲、蝗蟲」，類似在河南省的情況，再度重現。

　　李銳是湖南平江人一九一七年（民國六年）生在北京，一九三四年考入國立武漢大學工學院機械系。在一九三七年加入中國共產黨，曾任中央委員，中共中央組織部副部長，水電部長，毛澤東身邊政治秘書，著書立說纍纍。其與毛澤東論政，說到：主席自幼在家鄉種田，因知如何能一畝地能打上幾萬斤糧（李銳說毛澤東第三六六頁），令毛澤東現難色而尷尬說；原系看錢學森報紙上發表的文章看太陽能利用了多少，科學論證，一畝地可以打幾萬斤糧。後來李銳成為現代「魏徵」、遭秋後算帳，被送往西伯利亞的中俄邊界勞改，還坐過秦城監獄等一列系迫害，卻風骨不減。李先生因蒙哈佛大學費正清（John king foirbenk）博士在福特基金會下成立之東亞問題研究中心特邀，發表攸關毛澤東控制大陸之政情，攀紅到頂點。

　　孟子有言：「說大人，則藐之，勿視其巍巍然。……」。筆者不揣，對李先生有些觀點及意見，不能苟同：建議在走上市場經濟

大道之下，要真正保持穩定，要與時俱進「全球接軌」加快民主政治建設，使國家真正走上民主化、科學化、法治化的長治久安之道。

假如，中國沒有全被赤化，早被資本主義全部催化了。李銳先生父親為當地議長，早年是富貴人家，受大學教育，道統文化深植於內。但因當時軍閥割據、政治腐敗，國家受外人欺凌，為救亡圖存，毅然參加中國共產黨，舊道德思維對主席諫言發生口角，乃遭不幸。筆者對李公力諫護黨，由感敬佩。

說來《李銳談毛澤東》頗有與諾貝爾文學獎得主高行健的《靈山》有著「同工異曲」之妙。然《靈山》內容為何？惜筆者因家事之累，晝夜為生活忙碌奔波，未能讀著名大作，引以為愧。不過據當時電子及平面媒廣大肆宣揚，揭發毛澤東暴政控制之下、大陸人民過著苦難奴役，生不死的日子。毫無人權可言。

論人權、民主毛澤東早在一九○五年（民國三十年）著《論聯政府》講的是；中國人民的基本要求將中國建成一個獨立、自由、民主、統一和富當強的新國家，為何沒有實施？說起人權理念毛澤東比起你和我並不落後。

民主之效益，任誰都知道。台灣是好山好水，真寶島。然天然災害，隨著人為的疏失，環保破壞愈益嚴重。溯其根源，肇因於民主選舉制度。如颱風重創台灣造成嚴之重大損失。多由於氣象單位預報反反覆覆，若正確預報，臨危及早防範，即會減少不應發生的災害。災害基本之原因，應歸咎民主選舉制度。競選人為拼贏百般拉攏，選民手握選票是主人，而上下連成一氣，說好聽是在為人民

謀福利，私下不言則心知肚明，彼此利用逐利。選民居河川下游者拼命抽地下水，興養殖業，蓋房子。居中上游者，濫砍，濫伐根本不顧環保、水土保持，造成滿地瘡痍，真寶島面目全非。

　　一旦颱風來襲，低窪地區變成水鄉澤國。土石流翻騰凌空，又海水倒灌，水過屋頂，甚上樹梢，災民瞬間喪家或連同生命。人民在奄息中呼救。防災，應急救命，本是地方政府之職責，責無旁貸，刻不容緩，但卻槓上中央防洪計畫不周，導致嚴重災情。中央執政掌權者，則怪上任扁政府八年八百億，千多億，未能做好防洪工作，扁政府怨上次國民黨政府有更長的時間都沒有做防洪計畫。將來政黨輪替，後來者亦同樣指責前任馬政府，依此類推，惡性循環不已，竟還有不肖官員趁機從中牟利、官官相護，致災民苦訴無門，台灣早已不是寶島了，是個濫島。這都是民主選舉制度若的禍。

　　李志綏所著《毛澤東私人醫生》（The privatl Life of enair man Mao）回憶錄。名與利是人類生來俱有的，為社會進步的原動力，是常態。如刻意突顯自己，利用工作之便，故弄玄虛洩漏一些私人秘辛、是失德。雖李志綏先生在毛澤東身邊朝夕相隨醫療服務達二十二年，仍不知毛在想什麼。在李志綏著作《毛澤東私人醫生》出版前，共產黨所控管大陸以外地區，以訛傳訛，說毛澤東是一杯水主義。一杯水主義原為俄共所提出，中共加以運用，事實真相詳看下文：

一杯水主義（yi-bei-shui-zhu-yi）

此術語原為俄共所提出，為共黨迫害兩性關係的一種術語，而中共更將此一政策大肆提倡。其內容要點有三：其一為「追求」、即男性追求女性，或女性追求男性，中共認為是「社會主義公民」的權利，任何人均不能從中阻礙與干涉，否則即被斥為破壞「社會主義建設」的壞分子。其二，在男追女或女追男時，只要有一方面追，則被追的對方無論是男或女都應該接受。中共強調說，這是「社會主義公民」的義務，不能不盡，否則，即被斥為「封建主義餘毒」及「保守思想」而予以批鬥。這樣一來，有「追」必須「接」、「接」而又被「追」，「追追接接」，「接接追追」，把男女兩性關形成了「一杯水主義」。其三，離婚結婚只須一方堅決要求，法院或有關執行這一工作的部門當給予批准。

中共在叛亂時期及佔據大陸後初期，均大力推行「一杯水主義」運動，究其主要目的無非是欲破壞中國固有的倫理思想，毀滅人類的理性，拆散夫妻的關係，摧毀原有的家庭組織，挖掘傳統社會的老根，以求鞏固其政權。

一杯水主義

(yì-bēi-shǔi zhǔ-yì)

　　此術語原爲俄共所提出，爲共黨迫害兩性關係的一種術語，而中共更將此一政策大肆提倡。其內容要點有三：其一爲「追求」，即男性追求女性，或女性追求男性，中共認爲是「社會主義公民」的權利，任何人均不得從中阻碍與干涉，否則即被斥爲破壞「社會主義建設」的壞分子。其二，在男追女或女追男時，只要有一方面追，則被追的對方無論是男或女都應該接受。中共強調說，這是「社會主義公民」的義務，不能不盡，否則，即被斥爲「封建主義餘毒」及「保守思想」而予以批鬥。這樣一來，有「追」必須「接」，「接」而又被「

追」，「追追接接」，「接接追追」，把男女兩性關係形成了「一杯水主義」。其三，離婚結婚祇須一方堅決要求，法院或有關執行這一工作的部門當給予批准。

　　中共在叛亂時期及佔據大陸後初期，均大力推行「一杯水主義」運動，究其主要目的無非是欲破壞中國固有的倫理思想，毀滅人類的理性，拆散夫妻的關係，摧毀原有的家庭組織，挖掘傳統社會的老根，以求鞏固其政權。

Glass-of-water-ism

This term was originated by the Russian communists as an oppressive measure aimed at relations between the sexes, and was later unstintingly promoted by the Communist Chinese authorities. It has three main parts: The first has to do with "pursuing." The Communist Chinese authorities believe that men and women have a right under socialism to pursue each others' affections, and that no person has a right to block them or interfere in any way Anyone who does so reveals themself as a bad element intent on wrecking socialist construction. Secondly, when a woman or man is "pursuing" the other, the object of this pursuit should accept the attentions of the pursuer, regardless of whether this person is the man or the woman. The Communist authorities emphasized that this is "the duty of the socialist citizen" that the citizen must do his utmost to fulfill Otherwise, the citizen is exposed as someone deserving of criticism and denounced as harboring the "pernicious vestiges of feudalism" or "reactionary ideology." There is mandatory acceptance of the "pursuer" and of more pursuers even after one has accepted the first, which leads to a cycle of pursuance, acceptance and more pursuance. The result is that the significance of male—female relations is diluted to where it has no more potency than a glass of water. Thirdly, if either partner in a marriage requests a divorce, the court or other department responsible for granting divorces is bound to grant it.

During the period of communist armed rebellion and in the early stages of the Chinese Communist's control of the mainland, the CCP lent its full support to the glass—of—water—ism movement. Its original purpose was nothing less than to smash inherent Chinese ethical values, to destroy human rationality, to rend the fabric of male—female relations, to shatter the former family household organization, and to uproot the very foundation of traditional society, all in order to consolidate power.

　　黎安友在李書的前言中，嚴批毛澤東是恆古未曾有的最專制暴君。並舉羅馬皇帝的絕對權力令人悚懼、聲色犬馬、貪婪、虐待狂等及亂倫、酷刑和殺人如麻行為。黎安友教授說，我並不認識前人，是根據史冊描述，這句話也根本就是贅言，人類一切活動都是根據史料素材記載。不過在描述毛澤東的暴政當中有兩項如貪婪、聲色犬馬我敢斷言絕非事實，其他事或有討論空間。同時毛澤東與古今中外帝王迥然不同者，他們的搶劫、掠奪、殺人為貪婪，為本人之享樂，並為後代立基，永存富貴。毛澤東非但未有富貴，倒反為國損軀，像毛長子死在韓戰，令弟毛澤民在未建國前，因革命和新疆省主席意見不合，遭處死。同時毛澤東凡事一定要有個「人民」。再者，毛澤東和史太林，希特勒三者之獨裁大不相同。史大林是有名的陰險狠毒，所以他死後，即遭鞭屍。希特勒是以自己民族之優越，消滅其他民族。毛澤東則是控管人民之思想，如破四舊：舊思想、舊文化、舊風俗、舊習慣，令人訝異的是意無形中與二千多年孔者夫子之四絕；毋意、毋必、毋固、毋我有靈犀一通。談舊習慣，唐德剛教授大學畢業後回家，路經安徽時忽遇蝗蟲如烏雲遮天，有一農村老大娘，手持一臉盆，以為她在敲盆嚇蝗蟲。到湖南湘西永綏縣一地時，當地流行鼠疫，全城人死光光，連路過都難逃一死。尚有台灣台中一鄉鎮長，颱風來襲時，洪水浸頭，此地方官見人們陷深水命危，不救，反祭拜鬼神，任憑災肆虐，使家破人亡。究之，皆歸人謀不藏。若說毛澤東殺人同中外帝王，倒不如他是發行公共政策、旨在救未來人命。

跋文

　　本書攸關中國近代最具影響力之三大偉人孫中山、蔣介石、毛澤東——三大偉人各乙篇分述為其奔走革命不惜拋頭顱灑熱血，非作者筆墨所能形容。

　　此書之寫成用時三年多，而承蒙山東省一青島臨時中學同班同學董鑑新徐作舟及校友安郁順和中央警官學校同期同班前台灣高等法院法官宗成鎧、前警政署署長盧毓鈞等之關顧，和國立政治大學王國璋教授不時提供電訊指教，尤其承蒙前中華經濟研究院院長、中央研究院院士于宗先先生躬自指引攸關共產制度及毛澤東之基本論述給與指導鼓勵致書成，備感榮幸，併此特申謝忱。

戴維勳

二〇〇八年九月三十日　謹啓

附錄
本書政治人物之簡介

　　孫中山一八六六年農曆十月十六日生於廣東廣州府香山縣現中山縣翠亨村，名文，字載之，號逸仙，一八起革命，中法之戰決推翻滿清建立民主共和。

　　宋慶齡生於上海赴美就讀衛斯理女子學院，學成歸國後任孫中山的英文秘書，因響慕孫中山的英命不顧父母家人反對，私自奔往日本於一九一五年十月二十五日在東京與孫總理結婚。

　　蔣介石一八八七年（民前二十五年）十月三十一日生於浙江省奉化縣溪口鎮又名蔣中正原名瑞元，號志清，幼入私塾，元配毛福梅，後入鳳麓學堂接受新式教育，一九〇六年東渡日本就讀東京清美學校，經陳其美介紹加入同盟會得結識孫中山，一九〇七年赴保定入全國陸軍速成學堂，年終應考陸軍留日學生獲選入日振武學校回國後追隨國父革命，任黃埔軍官學校校長。

　　宋美齡一八九九年三月五日生於上海虹口，亦是赴美衛斯理女子學院畢業，回國後經大姐宋靄齡和孫中山之介紹於民國十六年十二月一日在上海和蔣中正結婚有點政治情

　　汪兆銘一八八三夫生於廣東番禺字季恤號精衛祖籍浙江山陰（今紹興）與胡漢民蔣中正同為國父孫中山革命三大助手。不過愛

國意志不堅，民國二十七年受日本首相近衛文　之聲明，為建「新東亞秩序」狂言「徹底擊滅抗日之國民政府」決與日合作採不抗日政策出走重慶民國二十八年二月一日中國國民黨中常會臨時會議決議：汪兆銘危害黨國，永遠開除黨籍並撤除其一切職務，二月二十一日汪派高宗武赴日與敵勾結，三月二十一日在河內遇刺，因問題敏感臨時與秘書曾仲鳴調換床舖，仲鳴身中多槍死亡，個人倖免。刺案是由軍統局主持，王魯翹負責執行。民國二十九年一月十七日乘同艦抵南京，十八日在南京召開「中央政治會議」任主席，二十日復與王克敏、梁鴻志組偽政府，僭稱「中華民國國民政府」民國三十三年二月二日要將留於背部八年之子彈取出，因病極危三月三日乘專機飛日入名古屋帝國大學附屬醫院醫治，終因骨癌去世，得年六十二歲，偽主席由陳公博代理。

　　毛澤東一八九三年十一月十九日生於湖南湘潭，字潤之，六年私塾及省立長沙第一師範學校一九一八年四月十四畢業後與蔡和森等成立新民學會，八月到北京得識李大釗，開始接觸馬克斯主義，一九一九年積極參加五四運動主編《湘江評論》，次年在長沙發起組織俄羅斯研究會，創建共產主義組織，一九二四年一月代表湖南共產黨參加國民黨「一大」當選為候補中央執行委員，一九二五年九月至廣州，任國民黨宣傳部代理部長，一九二六年一月參加國民黨「二大」向大會作宣傳報，一九二七年三月七日與宋慶齡等出席在漢口召開的國民黨二屆三中全會預備會議，四月二十二日與宋慶齡聯名在漢口《民國日報》上發表討蔣通電。

薄一波（一九○八～　）

山西定襄人。一九二五年加入中國共產黨。一九四九年至五三年間任財政部長；一九五四至五六年間任國家建設委員會副主任；一九五六至六六年間任國家經濟委員會主任及國務院副總理。文革期間遭到迫害，一九七八年後任中央顧問委員會常務副主任等職。

陳伯達（一九○四～一九八九）

福建惠安人。一九二七年進入莫斯科中山大學就讀。曾任毛澤東政治秘書之一，兼《紅旗》雜誌總編輯；文革期間權力竄升，一九六九至七○年間出任中央政治局常委；一九七○年後下台。

陳錫聯（一九一三～　）

湖北紅安人。一九三○年加入中國共產黨。一九五○年至五九年間任人民解放軍炮兵司令員；一九五九至七三年間任瀋陽軍區司令員；一九七一年至七三年間任遼寧省委第一書記。一九七四年出任北京軍區司令員。陳與毛遠新及四人幫皆關係密切，因此陳於一九八○年請求中全會批准其辭職。

陳毅（一九○一～一九七二）

四川樂至人。一九二三年於法國加入中國共產黨。中國十大元帥之一。一九四九至五八年間任上海上市長；一九五四年任國務院副總理；一九五八年任外交部長。文革期間遭到迫害。一九七二年死於癌症。

陳雲（一九○五～　）

　　江蘇青浦人。一九二五年加入中國共產黨。一九四九至七二年間任副總理；一九五六年出任中央委員會副主席及成為中國共產黨七位高級領導人之一。一九五○年代末期因他對大躍進不熱衷的支持而漸漸勢微。一九七八年重任中共中央副主席，成為影響力深遠的國家領導人。

陳再道（一九○八～一九九三）

　　湖北麻城人。一九二七年加入中國共產黨游擊隊。一九五四至六七年間任武漢軍區司令員。文革期間遭到批判。

鄧拓（一九一二～一九六六）

　　福建福州人。一九五一年任北京市宣傳部部長；一九五○至五八年任《人民日報》社社長及總編輯。一九六六年被控「反黨」，遭到批判，自殺身亡。

鄧小平（一九○四～　）

　　四川廣安人。一九二○年赴法國勤工儉學，一九二四年加入中國共產黨、一九五二年任政務院副總理，一九五六年任共產黨書記、中共中央委員和政治局委員。文革期間遭到批判，一九七三年平反。一九七六年又遭批判。一九七八年後成為中國最高領導。

鄧子恢（一八九六～一九七二）

福建龍陽人。一九二〇年代為閩西根據地的領導人。一九五三年任中共中央委員農村工作部部長。一九五四年被任命為副總理，但一九五五年夏被毛批評為「右傾保守分子」，之後農村工作部解散。

傅連暲（一八九四～一九六八）

福建長汀人。曾受洗為基督徒，並在一所基督教醫學院接受醫學訓練，以「基督徒醫生」聞名。一九三〇年代初於江西蘇維埃政權負責毛及其它黨領導的醫療，一九三四至三五年間參加長征。一九五二年任衛生部副部長，負責高級領導之醫療保健。一九五〇年代末期被迫退休。一九六八年於文革期間遭到迫害致死。

高崗（一九〇五～一九五四）

陝西橫山人。中國共產黨西北根據地創建人之一。一九四五至五四年間任中共中央東北局書記，一九四九至五四年間任中央人民政府副主席。一九五四年被指控和饒漱石聯合進行分裂黨的活動，遭到批判，自殺身亡。

郭沫若（一八九二～一九七八）

四川樂山人。一九二七年加入中國共產黨。曾接受醫學訓練，成為知名的學者和作家。一九四五年重慶談判時與毛友好。一九四九至五四年間任副總理；一九四九至一九六六年任全國文學藝術聯合會主席；一九四九至七八年任中國科學院院長。

馬海德（一九一○～一九八八）

黎巴嫩裔美籍人士，日內瓦醫學院畢業。一九三三年至中國行醫，一九三六年至延安。一九五○年加入中國共產黨，並成為中國公民。逝於北京。

賀子珍（原名賀志貞，一九○九～一九八四）

江西永新人。一九二六年加入中國共產黨。一九二八年在江西與毛澤東結婚，產下六位子女，李敏為唯倖存者。一九三四至三五年間參加長征。一九三七年離開延安前往莫斯科接受醫療，一九四七年八月返國。賀從未與毛正式離婚，一九四九年起在上海療養。

胡喬木（一九一二～一九九二）

江蘇鹽城人。一九三五年加入中國共產黨，就讀清華大學。一九四五年起為毛澤東政治秘書之一。一九五○至六六年任中央宣傳部副部長兼《毛澤東選集》編輯。一九六一年後因為健康不佳而未活躍於政壇上，毛去世後成為黨內主要理論家。

華國鋒（一九二一～　）

山西交城人。一九四○年加入中國共產黨。後成為毛澤東出生地韶山所在的湖南湘潭地委書記。一九五五年華與毛首度會面。一九七○年任湖南省委第一書記。一九七三年被任命為政治局委員。一九七六年任總理及中國共產黨第一副主席，毛並欽定其為接班人。毛逝世後，於全面聲討逮捕四人幫中，成為黨主席和軍

事委員會主席。一九八一年被撤去三項重要職位，如今只是中共中央委員。

黃敬（原名俞啓威，一九一一～一九五八）

浙江韶興人。一九三二年加入中國共產黨。一九三○年代早期與江青未經正式結婚而同居。一九五○年代早期任天津市委第一書記，後來成為第一機械工業部部長及國家科學技術委員會主席。一九五八年遭毛澤東批判，於同年去世。

蔣南翔（一九一○～一九八八）

浙江韶興人。就讀於清華大學，一九三三年加入中國共產黨。一九四九年被任命為新民主青年團（後改名為共產黨青年團）副書記，後來成為清華大學校長。一九六○年任教育部副部長，一九六五年任高等教育部部長。一九六六年文革期間遭到批判。

江青（又名李進孩，李雲鶴、藍蘋，一九一三～一九九一）

山東諸城人。一九三○年代初期黃敬未經正式結婚的妻子。一九三○年代中期上海女演員。一九三六年與劇作家唐納正式結婚。一九三七年八月前往延安，一九三八年十一月成為毛澤東第四任妻子。廣泛認為中國共產黨政治局在江青不得以毛澤東夫人公開露面及不得參與政治的條件下同意這個婚姻。與毛生育一女，李訥。文化大革命期間江權力勢如中天。毛去世後，旋以四人幫領導人罪名被逮捕，判處死刑，緩刑兩年執行。一九八三年減判為無期徒刑。一九九一年自殺身亡。

康生（一八九八～一九七五）

　　山東膠南人。一九一〇年認識江青。一九二五年加入中國共產黨。一九四五年於延安整風期間任中央學習委員會主任。一九五〇年進北京醫院住院，據說其診斷為精神分裂症。一九五八年大躍進期間重新活躍於政治舞台。一九六六年成為中央文革小組顧問及政治局委員。文革期間由其一手主導清洗許多高層中國共產黨黨員。死於膀胱癌。

柯慶施（一九〇〇～一九六五）

　　安徽燕湖人。一九二二年在蘇聯學習。一九五二至五五年間任江蘇省委書記；一九五〇至五二年間任南京市市委書記；一九五五年任上海市委書記。柯與毛澤東關係密切，並於一九五八年出任政治局委員，一九六五年成為副總理。一九六五年死於急性胰腺炎。

李敏（一九三六～　）

　　生於延安。毛澤東與子珍唯一的女兒。一九四〇年赴蘇聯與賀團聚，直到一九四七年反國。一九四九年後定居於毛澤東中南海內住地。北京師範大學畢業。一九五九年與孔令華結婚，次年即育一子。一九七九年出任全國政協委員。

李訥（一九四〇～　）

　　生於延安。毛澤東正江青唯一的女兒，一九五九至六五年於北京大學歷史系就讀。一九七〇年代初期結婚，育有一子，但不久離婚。

一九七四至七五年間任北京平谷縣縣委書記，後任北京市委副書記。江青因四人幫之罪名遭逮捕後，被撤職且生活清苦。後被安排在中央辦公廳秘書局工作。一九八五與劉少奇舊任衛士王景清結婚。

李先念（一九○九～一九九二）

湖北紅安人。一九二七年加入中國共產黨。一九五四至八○年間任國務院副總理；一九五四至七五年間任財政部部長；一九八三至八八年間任中華人民共和國主席。

李根橋（一九二七～　）

河北安平人。一九三八年加入共產黨。原為周恩來的衛士，一九四七年轉為毛澤東服務。一九四八年與韓桂馨結婚。一九五二年任毛澤東副衛士，一九五六年任衛士長。後下放農村一年，一九六二年轉赴天津工作。後為人民大會管理局副局長。

李雲露（？～一九八八）

江青同父異母的姊姊。與王克明結婚。扶養江青成人。一九四八起與江青團聚，後遷入毛澤東中南海內住地，負責照顧李訥。一九六六年文革初期與其子遷居清華大學。

林彪（一九○七～一九七一）

湖北黃岡人。一九二五年加入中國共產黨。中國十大元帥之一。一九五九年取代彭德懷為國防部長。一九六九年被定為毛澤東

的接班人。一九七一年九月政變陰謀奪取毛權力失敗後，乘機外逃蘇聯，於外蒙古途中墜毀，機上無人倖存。

林克（一九二五～　）

燕京大學畢業。一九五〇年初至一九六三年為毛澤東政治秘書之一，田家英為其上司。

劉少奇（一八九八～一九六九）

湖南寧鄉人。一九二一年於莫斯科東方大學加入中國共產黨，在此學習一年。一九三〇年代後期從事地下工作。一九四二年提倡黨內學習「毛澤東思想」。從一九四三至一九六六文化大革命間成為中國共產黨內僅次於毛澤東的二號人物。文英革期間遭到迫害，一九六九年在未接受醫療的情況下，慘死於獄中。一九八〇年官方決議為他恢復名譽。

陸定一（一九〇六～　）

江蘇無錫人。一九二五年加入中國共產黨。一九五四至六六年任中共中央委員會宣傳部部長；一九五九至六六年任國務院副總理；一九六五至六六年任文化部部長。文革期間遭迫害。

羅道讓（一九一五～一九六九）

泰國華僑，於抗日戰爭（一九三七──四五）初期前往延安。一九四九年後任中央辦公廳行政處副處長，一九五六年任警衛局代

局長。一九六一年被江東興下放農村，一九六二年任廣東省湛江地委書記。文革期間曹迫害致死。

羅瑞卿（一九〇六～一九七八）

四川南充人。一九二九年加入中國共產黨。一九四九年任公安部部長，主持毛澤東的警衛安全工作。一九五九年任人民解放軍總參謀長。文革前一九六五年遭到批判。一九七五年得以平反。在西德手術後逝世。

毛岸青（一九二三～　）

楊開慧所生之毛澤東次子。一九三〇年代遭上海租界巡捕殘酷毆打。一九五〇年代初期診斷得精神分裂症。一九六二年與毛岸英遺孀之妹張少華結婚。一九七〇年倆人共育一子（毛新宇）。

毛岸英（一九二二～一九五〇）

楊慧所生之毛澤東長子。楊死後被送往上海，淪落為街頭流浪兒。一九三六年尋獲，旋即前往蘇聯就讀。朝鮮戰爭時為中國志願軍總司令彭德懷的俄語翻譯員。一九五〇年十一月遭美軍轟炸而喪生。

毛遠新（一九四一～　）

一九四三年於新疆遭處死的毛澤東二弟毛澤民之子。一九五〇年毛遠新母親改嫁，由毛澤東扶養，毛遠新於是遷進毛澤東的中南海內住地。哈爾濱軍事工程學院畢業。一九七三年任遼寧省委書

記，一九七四年任瀋陽軍區政治委員。一九七五年任毛澤東與政治局之間的聯絡員。與四人幫同時被捕，判處十七年徒刑。

毛澤民（一八九六～一九四三）

湖南湘潭地區韶山縣人。毛澤東之二弟。一九二二年加入中國共產黨。曾與新疆省長盛世才合作，後於一九四三年遭盛逮捕處死。

彭懷德（一八九八～一九七四）

湖南湘潭人。一九二八年加入中國共產黨。中國十大元帥之一。一九五四至六五年間任國務院副總理；一九五四至五九年間任國防部部長。一九五九年因批評毛澤東的大躍進而被批判。一九六六年遭禁一九七四年死於獄中。

彭真（一九○二～　　）

山西曲沃人。一九二三年加入中國共產黨。一九四九年任北京市委第一書記；一九四五至六六年間任政治局委員。與劉少奇關係密切。於一九六六年文革開始第一位被清洗的政治局委員。毛死後成為主要領導人之一。

饒漱石（一九○三～一九七五）

江西人。一九二○年代中期加入中國共產黨。一九四九至五二年間任華東局第一書配；一九五二年任中共中央組織部部長。一九五四年被控和高崗聯合進行分裂黨的活動，即遭清洗。死於獄中。

任弼時（一九〇四～一九五〇）

湖南湘陰人。一九二二年加入中國共產黨。一九二一至二四年間於莫斯科東方大學學習；一九四五至五〇年間任中共中央書記處書記，為中共第五大領導。與陳琮英結婚。一九五〇年死於腦溢血。

宋慶齡（一八九三～一九八一）

生於上海。蔣介石夫人宋美齡之姊。一九一四年孫中山結婚。支持中國共產黨，並於一九四九年任中華人民共和國副主席。

唐聞生（一九四〇～　　）

生於紐約布魯克林，其父曾創辦中文報。後回歸中國，在文革前就讀於中國外國語學院。毛澤東英語翻譯，後成為毛澤東與政治局的聯絡員。

陶鑄（一九〇八～一九六九）

湖南祁陽人。一九二六年加入中國共產黨。一九五三年任廣東省委第一書記；一九六一年任中南局第一書記；一九六五年任國務副總理。一九六六年升至黨內第四號領導，但數月後即遭批判。一九六七年一月起至一九六九年十月期間遭到關押，因癌症病逝，一九七八年恢復名譽。

田家英（一九二二～一九六六）

自學成才，一九四〇年代末期起任毛澤東政治秘書。文革初始即遭懷疑，一九六六年五月自殺身亡。

汪東興（一九一六～　）

江西弋陽人。一九二〇年代中期加入中國共產黨游擊隊。一九四七年任毛澤東警衛。一九四九年任中央辦公廳警衛處處長，公安部副部長，毛澤東衛士長，及負責所有高級領導的警衛工作。一九六六年任中央辦公廳主任。一九七六年於毛逝世後協助逮捕四人幫。一九八〇年被徹去全部職位。

王光美（一九二一～　）

生於北京。北京輔仁大學（由天主教教會所辦）畢業。一九四六年任中國共產黨英語翻譯，後往延安。一九四八年與劉少奇結婚。文革期間遭到監禁，文革後成為中國社會科學院副院長。

王海蓉（一九四〇～　）

毛澤東的孫姪女，外國語學院畢業。一九七〇年代為毛澤東正政治局的聯絡員。

王鶴濱（一九二四～　）

河北人。一九三八年加入共產黨。一九四九年八月至一九五三年九月期間任毛澤東專任醫生。

王洪文（一九三五～一九九二）

吉林長春人。一九六六年任上海棉紡織十七廠保衛科幹事。文化大革命期間迅速竄紅。一九七三年八月出任中共中央委員會副主席。一九七六年因身為四人幫成員而遭逮捕，判處無期徒刑。一九九二年死於肝病。

王明（一九○四～一九七四）

安徽六安人。一九二五年加入中國共產黨。莫斯科中山大學畢業。一九三○年返回中國。在蘇聯支持下，成為中國共產黨主要人物及王明二十八個半布爾什維克派之領導人。與毛澤東針鋒相對；其在黨中職位隨毛之重要性漸增而遞減。一九五六年至蘇聯就醫，直到一九七四年病逝。

王任重（一九一七～一九九二）

河北景縣人。一九三三年於江西蘇維埃政府地區加入中國共產黨。一九五四年任武漢市委第一書配；一九五四年六六年間任湖北省委第一書記；一九六三至六七年間任武漢軍區第一政治委員。文革初期成為重要人物，後被批判。一九七六年毛去世後重登政治舞台。

吳旭君（一九三三～　　）

幼失怙恃。一九四九年前於國民黨國防醫學院接受護士訓練。護士學校畢業後調往北京，任中南海門診護士長。一九六○年由江東興任命為毛澤東之護士長。一九七四年離開一組。

伍雲甫（一九○四～一九六九）

　　湖南耒陽人。一九二六年加入中國共產黨。一九四九年後於楊尚昆的中央辦公廳行政處任處長，後任衛生部副部長。一九六九年遭迫害室死。

謝富治（一九○九～一九七二）

　　湖北紅安人。一九三一年加入中國共產黨。一九五五至五九年間任雲南省委第一書記；一五九五年繼羅瑞卿後出任公安部部長。一九六九年後任政治局委員，一九六二至七二年間任副總理。逝世於一九七二年。一九八○年中共中央開除其黨籍，確認其為文革期間之積極參與者。

許世友（一九○六～一九八五）

　　河南新縣人。習武之少林寺僧侶，一九二七年加入中國共產黨。一九五四至七四年間任南京軍區司令員；一九七四至八○年間任廣州軍區司令員。一九七三年被任命為政治局委員。一九八五年去世。

徐濤（一九二七～ 　）

　　生於北京。一九四九年北京醫學院畢業。一九五三至五四年間任毛澤東私人醫生，後任江青私人醫生。其妻吳旭君為毛澤東之護士長。

楊開慧（一九○一～一九三○）

湖南長沙人。一九二○年冬季與毛澤東結婚，育有三子：毛岸英、毛岸青、毛岸龍（一九三○年代中期死於上海）。一九三○年十一月因拒絕揭發毛澤東而被捕處死。

楊尚昆（一九○七～　）

四川潼南人。一九二六年加入中國共產黨。赴蘇聯入莫斯科中山大學就讀，成為「二十八個半布爾什維克派」中一員。一九四八至六五年間任中共中央辦公廳主任。一九六五年遭批判。文革後任中共中央軍事委員會常務副主席及中華人民共和國主席。

姚文元（一九三一～　）

浙江諸暨人。曾任上海盧灣區團工委。中央文革小組成員。一九六九年任政治局委員，主持意識形態。為四人幫成員而被逮捕，判處有期徒刑二十年。

葉劍英（一八九七～一九八六）

廣東梅縣人。一九二四年加入中國共產黨。中國十大元帥之一。一九五○至五四年間任廣州市委書記，一九六六年任政治局委員；一九七三年起任中央政治局常委。領導逮捕四人幫行動。逝於一九八六年。

葉群（一九二○～一九七一）

福建人，於延安時期加入中國共產黨。林彪的第二任妻子。曾任軍委文革組成員。一九六九年任政治局委員。一九七一年偕同林彪潛逃蘇聯途中隊機身亡。

葉子龍（一九一五～　）

生於湖南。一九三○年加入共產黨，一九三六年起任毛澤東機要秘書，直到一九六一年末勢為止。文革期間曾遭逮捕。一九七九年任北京市副市長。

張春橋（一九一七～　）

山東巨野人。一九三八年加入中國共產黨。一九五一年任上海市《解放日報》總編輯；一九六三年任上海市宣傳部部長；一九六七年任上海市委書記。一九六六年任中央文革小組副組長；一九六九年任政治局常委。一九七五年任人民解放軍總政治部主任。一九七六年因身為四人幫成員而遭逮捕，判處死刑，緩刑兩年執行。一九八三年將原判依法減為無期徒刑。

張玉鳳（一九四四～　）

黑龍江牡丹市人。一九六○年為毛澤東專列列車服務員，後成為毛的生活隨員。一九七四年底正式出任為毛澤東的機要秘書，直到毛去世為止。

張耀祠（一九一五～　）

江西弋陽人。曾參與長征。汪東興的同鄉；任中央警衛團團長。負責共產黨中央武裝警衛。

周恩來（一八九八～一九七六）

江蘇淮安人。一九二〇年代初期赴法勤工儉學，一九二二年加入中國共產黨。一九四九至七六年任政府總理；一九五六至七六年間任政治局常務委員。

朱德（一八八六～一九七六）

四川儀隴人。一九二二年於德國加入中國共產黨。一九三〇年代任中國工農紅軍總司令。中國十大元師之一。一九四九至五九年間任中央人民政府副主席，後任全國人民代表大會委員長。一九五六至七六年間任政治局常務委員。

國家圖書館出版品預行編目

中國近代最具影響力之三大人物：孫中山、蔣
介石、毛澤東 / 戴維勳著. -- 一版. -- 臺
北市：秀威資訊科技, 2009.12
　　面；　　公分. --(史地傳記類；PC0099)
BOD 版
ISBN 978-986-221-358-2(平裝)

1. 孫文　2. 蔣中正　3. 毛澤東　4. 傳記　5.
中國

782.278　　　　　　　　　　　98021678

史地傳記類　PC0099

中國近代最具影響力之三大人物
——孫中山、蔣介石、毛澤東

作　　者 / 戴維勳
發 行 人 / 宋政坤
執行編輯 / 藍志成
圖文排版 / 姚宜婷
封面設計 / 蕭玉蘋
數位轉譯 / 徐真玉　沈裕閔
圖書銷售 / 林怡君
法律顧問 / 毛國樑　律師
出版發行 / 秀威資訊科技股份有限公司
　　　　　　台北市內湖區瑞光路 583 巷 25 號 1 樓
　　　　　　電話：02-2657-9211　　　傳真：02-2657-9106
　　　　　　E-mail：service@showwe.com.tw

2009 年 12 月　BOD 一版
定價：350 元

讀 者 回 函 卡

感謝您購買本書,為提升服務品質,請填妥以下資料,將讀者回函卡直接寄回或傳真本公司,收到您的寶貴意見後,我們會收藏記錄及檢討,謝謝!
如您需要了解本公司最新出版書目、購書優惠或企劃活動,歡迎您上網查詢或下載相關資料:http:// www.showwe.com.tw

您購買的書名:＿＿＿＿＿＿＿＿＿＿＿＿＿＿＿＿＿＿＿＿＿＿＿

出生日期:＿＿＿＿＿年＿＿＿＿＿月＿＿＿＿＿日

學歷:□高中 (含) 以下　　□大專　　□研究所 (含) 以上

職業:□製造業　□金融業　□資訊業　□軍警　□傳播業　□自由業
　　　□服務業　□公務員　□教職　　□學生　□家管　□其它＿＿＿

購書地點:□網路書店　□實體書店　□書展　□郵購　□贈閱　□其他

您從何得知本書的消息?

　□網路書店　□實體書店　□網路搜尋　□電子報　□書訊　□雜誌

　□傳播媒體　□親友推薦　□網站推薦　□部落格　□其他＿＿＿＿＿

您對本書的評價:(請填代號　1.非常滿意　2.滿意　3.尚可　4.再改進)

　封面設計＿＿＿　版面編排＿＿＿　內容＿＿＿　文／譯筆＿＿＿　價格＿＿＿

讀完書後您覺得:

　□很有收穫　□有收穫　□收穫不多　□沒收穫

對我們的建議:＿＿＿＿＿＿＿＿＿＿＿＿＿＿＿＿＿＿＿＿＿＿＿

＿＿＿＿＿＿＿＿＿＿＿＿＿＿＿＿＿＿＿＿＿＿＿＿＿＿＿＿＿＿＿

＿＿＿＿＿＿＿＿＿＿＿＿＿＿＿＿＿＿＿＿＿＿＿＿＿＿＿＿＿＿＿

＿＿＿＿＿＿＿＿＿＿＿＿＿＿＿＿＿＿＿＿＿＿＿＿＿＿＿＿＿＿＿

11466
台北市內湖區瑞光路 76 巷 65 號 1 樓

秀威資訊科技股份有限公司　　　收

BOD 數位出版事業部

・・・

（請沿線對折寄回，謝謝！）

姓　　名：＿＿＿＿＿＿＿＿＿＿　年齡：＿＿＿＿　性別：□女　□男

郵遞區號：□□□□□

地　　址：＿＿＿＿＿＿＿＿＿＿＿＿＿＿＿＿＿＿＿＿＿＿＿＿＿＿

聯絡電話：(日) ＿＿＿＿＿＿＿＿＿＿(夜) ＿＿＿＿＿＿＿＿＿＿＿

E - m a i l：＿＿＿＿＿＿＿＿＿＿＿＿＿＿＿＿＿＿＿＿＿＿＿＿＿